CHRISTOS DEDES

Beweisverfahren und Beweisrecht

Schriften zum Strafrecht

Heft 93

Beweisverfahren und Beweisrecht

Von

Christos Dedes

Duncker & Humblot · Berlin

Die Deutsche Bibliothek – CIP-Einheitsaufnahme

Dedes, Christos:
Beweisverfahren und Beweisrecht / von Christos Dedes. –
Berlin : Duncker und Humblot, 1992
  (Schriften zum Strafrecht ; H. 93)
  ISBN 3-428-07434-3
NE: GT

Alle Rechte vorbehalten
© 1992 Duncker & Humblot GmbH, Berlin 41
Druck: Berliner Buchdruckerei Union GmbH, Berlin 61
Printed in Germany

ISSN 0558-9126
ISBN 3-428-07434-3

Vorwort

Die vorliegende Arbeit ist das Ergebnis enger Zusammenarbeit der deutschen und griechischen Strafrechtswissenschaft. Diese hat bedeutende wissenschaftliche Leistungen und Erfolge hervorgebracht und auch menschliche Beziehungen hergestellt, die das gegenseitige Verständnis unserer Völker und unserer Wissenschaft gefördert haben.

Inhaltsverzeichnis

Teil 1
Allgemeine Fragen des Beweisrechts

A. Die Beweissysteme 11
   I. Einleitung 11
   II. Die gesetzlichen Beweisregeln 13
   III. Die freie Überzeugung 14
      1. Einleitung 14
      2. Die heutige Regelung 15
      3. Die weitere Entwicklung 16
      4. Tendenzen zur Einschränkung 17
   IV. Die freie Beweiswürdigung 17
      1. Die historischen Grundlagen 17
      2. Die Ansichten in der deutschen Lehre 18

B. Umfang, Gestalt und Phasen des Beweisverfahrens 19
   I. Der Umfang des Beweisverfahrens 19
   II. Die Gestalt des Beweisverfahrens 19
   III. Die Phasen des Beweisverfahrens 20
   IV. Ergebnis 21
      1. Die Phasen des Beweisverfahrens und der Begriff der freien Überzeugung 21
      2. Die Phasen des Beweisverfahrens und der Begriff der freien Beweiswürdigung 22
      3. Schlußbetrachtungen 23

C. Die Phasen des Beweisverfahrens und die Beweiswürdigung ... 24
   I. Einleitung 24
   II. Die Beweisführung und die Beweiswürdigung 25
   III. Die Beweisaufnahme und die Beweiswürdigung 28
   IV. Die End- und Gesamtwürdigung 30
   V. Ergebnis 31

D. Freie Beweiswürdigung und Beweisverfahren 32
    I. Freie Beweisführung und Strengbeweis 32
    II. Freie Beweisführung und Beweismittel 33
    III. Freie Beweisführung und Beweisgänge oder -arten 40
    IV. Die Beweise 43

E. Die Erkenntnismittel des Beweisverfahrens 43
    I. Die Beweismittel 43
    II. Die Vernehmung des Beschuldigten 44
    III. Indizien 45
    IV. Die beschlagnahmten Gegenstände 49

F. Sachverhaltsermittlung und Beweisverfahren 50
    I. Sachverhaltsermittlung und Erkenntnisquellen 50
    II. Erkenntnisquellen und Beweismittel 50
    III. Erkenntnisquellen und Verhandlung 51
    IV. Sachverhaltsermittlung und Beweisaufnahme 52
    V. Ergebnis 53

Teil 2
Über den Beweismittelbegriff und den Indizienbeweis

G. Der Beweismittelbegriff 56
    I. Einführung 56
    II. Der Beweisbegriff 56
    III. Der Mittelbegriff 57
    IV. Der Beweismittelbegriff 58
        1. Einleitung 58
        2. Mittel des Beweisverfahrens 58
        3. Mittel des konkreten Beweisaktes 59
        4. Ergebnisse des Beweisverfahrens 59
    V. Der Beweismittelbegriff in der Theorie 59
        1. Roxin 59
        2. Gössel 60

VI. Kritische Bemerkungen zu den verschiedenen Beweismittelbegriffen 61
   1. Die Mittel des Verfahrens 61
   2. Die Mittel des konkreten Beweisaktes 61
   3. Ergebnisse des Beweisverfahrens 62
VII. Die Beweismittelbegriffe und die StPO 63
   1. Der Beweisbegriff 63
   2. Der Beweismittelbegriff und die StPO 64
   3. Ergebnis 65

H. Indizienbeweis 70
   I. Einleitung 70
   II. Die Interpretation des Indizienbegriffs 71
   III. Der Indizienbeweis als sachlicher Beweis 72
   IV. Der Indizienbeweis als ein Beweis von mittelbar erheblichen Tatsachen 74
   V. Das Wesen des Indizienbeweises 74
   VI. Die Selbständigkeit des indirekten Beweises 76
   VII. Das Beweismittel des Indizienbeweises 77
   VIII. Ergebnis 79

Teil 3
Besondere Fragen

I. Überzeugungsbildung und freie Beweiswürdigung 81
   I. Einleitung 81
   II. Die Phasen der Rechtsanwendung 81
   III. Die Gleichsetzung von conviction intime und Überzeugungsbildung 82
   IV. Die freie Beweiswürdigung und die Überzeugungsbildung 82
   V. Weitere Schwierigkeiten einer Gleichsetzung 83

J. Direkter und indirekter Beweis 83
   I. Einleitung 83
   II. Die Kriterien der Unterscheidung 84
   III. Die Richtung der Beweistätigkeit 84
   IV. Das Ergebnis der Beweistätigkeit 85
   V. Die Unterscheidung und die StPO 86
   VI. Ergebnis 87

K.	Numerus clausus oder numerus apertus der Beweismittel	89
	I. Einleitung	89
	II. Freiheit oder Gebundenheit der Beweisführung	89
	III. Freiheit oder Gebundenheit der Beweisaufnahme	90
	IV. Freiheit oder Gebundenheit der Prozeßakte	90
	V. Die Kritik von Krause	91
	VI. Ergebnis	93
L.	Der Beweisbegriff im Strafverfahren und der Beweischarakter des Ermittlungsverfahrens	94
	I. Einführung	94
	II. Das Material der Würdigung	95
	III. Die besonderen Bestimmungen	96
	IV. Der Charakter des Materials des Ermittlungsverfahrens	97
	V. Der Umfang der Würdigungspflicht	99
	VI. Die Grenze der richterlichen Beweiswürdigung	101
M.	Freie Beweiswürdigung und Revisibilität	102
	I. Das Problem	102
	II. Tatsachenfeststellungen und Tatfrage	102
	III. Rechtsfrage und Tatsachenfeststellung	103
	IV. Tatsachenfeststellung und Revisibilität	103
	V. Freie Beweisführung und Revisibilität	103
	VI. Ergebnis	104

Literaturverzeichnis 105

Aufsätze des Autors 108

Teil 1

Allgemeine Fragen des Beweisrechts

A. Die Beweissysteme

I. Einleitung

1. Das Beweisverfahren hat als Ziel, einen Sachverhalt zu klären[1]. Die Sachverhaltsfeststellung bildet also den Zweck des Beweises[2]. Die Feststellung geschieht durch die Klärung der Tatsachen des Falles. Dieses Ziel kann auf verschiedenen Wegen erreicht werden, die gewöhnlich als „Methoden" oder „Systeme" bezeichnet werden[3]. Es ist daher zweckmäßig, mit der Darstellung der verschiedenen Beweissysteme zu beginnen, was zugleich einen geschichtlichen Überblick über die Entwicklung dieser Beweissysteme verschaffen soll.

2. Die historische Entwicklung hat hauptsächlich zwei Methoden zur Sachverhaltsfeststellung[4] einander gegenübergestellt: Das System der legalen Beweise und das System der ethischen Beweise[5]. Der Inhalt beider Systeme ist bis heute nicht in allen Einzelheiten dargestellt worden[6]. Man begnügt sich zumeist mit ihrer Gegenüberstellung[7]. Während das zweite dem Richter Freiheit in der Beweisführung und Beweiswürdigung gibt, ist das erste durch gesetzliche Regeln gekennzeichnet, welche die Beweismittel und Beweiswürdigung bestimmen[8].

---

[1] Peters, S. 286; Dedes, Strafverfahrensrecht, S. 6, 1983, § 60.

[2] Gössel, Strafverfahrensrecht 1977, S. 178; Dedes, ebenda, § 60 IV.

[3] Dedes, ebenda, § 61.

[4] Dedes, ebenda, § 61; Vidal / Magnol, Cours de Droit Criminel II, 1949, S. 887.

[5] Preuves légales — preuves morales oder der freien Überzeugung und der gesetzlichen Beweistheorie; Glaser, Handbuch des Strafprozesses I 1883, S. 346 ff.

[6] Vielleicht wegen der Verschiedenartigkeit der Bestimmungen einer jeden Epoche; vgl. Meurer, Beweis und Beweisregel, FS Oehler, 1985, S. 357 ff., 374.

[7] Bouzat, Traité Nr. 1066; Gerhard Walter, Freie Beweiswürdigung, 1979, S. 5, spricht von Methoden zur Sachverhaltsfeststellung, vereinzelt aber auch vom Beweissystem, so auf den Seiten 7, 68, 69. Mir erscheint der Begriff Beweissystem zutreffender zu sein. Dazu Gillieron, L'evolution de la preuve pénale, SchweizZStr. 60, S. 198 ff., Roxin, Strafverfahrensrecht, § 15, spricht von gesetzlichen Beweisregeln.

[8] Dedes, op. cit., S. 267; Gillieron, op. cit., S. 198 ff. Patarin, Le particularisme de la théorie des preuves en droit pénal, im Band Quelques aspects de l'autonomie du droit pénal, Paris 1956, S. 7 ff., 37, 45, 47.

3. Die genannten Systeme wechselten einander ab[9]. Auch begegnet man — jedoch nicht sehr oft — einer gemischten Figur. In der Gesetzgebung ist in neuerer Zeit zumeist das System der ethischen Beweise übernommen worden.

Der Grund hierfür liegt in der Vielfalt der zu erfassenden Wirklichkeit, die eine genaue Beschreibung aller einschlägigen Fälle schwierig oder sogar unmöglich macht[10], was zur Abschaffung gesetzlicher Beweisregeln geführt hat[11]. Auch hat das unaufhörliche Voranschreiten der Technisierung[12] zur Eliminierung einer genauen oder auch nur beschränkten Aufzählung[13] von Beweismitteln[14] beigetragen, so daß zur Beweisführung nunmehr auf alle[15] Beweismittel[16] zurückgegriffen werden kann[17].

Der Aspekt der Beweismittel wird von Walter[18] zwar als eine von der Beweiswürdigung zu trennende Frage angesehen, aber nicht als solche behandelt; doch bildet die Verwertungsfreiheit den ersten Teil des „neuen" Beweissystems, dessen zweiter die Würdigungsfreiheit[19] ist[20]. Die bereits angeführten Betrachtungen sind auch hinsichtlich der Würdigung benutzter Beweismittel vorgenommen worden, die von Fall zu Fall sehr differenziert sein kann.

Die parallele Entwicklung der oben genannten Probleme stellt den Grund dafür dar, daß heute die große Mehrzahl der Gesetzgeber das System der ethischen Beweise akzeptiert hat. Das bedeutet Freiheit[21] für die Beweisführung[22] und Beweiswürdigung[23].[24]

---

[9] Dazu haben gewiß auch andere Gründe beigetragen.

[10] Gillieron, S. 199.

[11] Nagel, S. 85; vgl. Grunsky, Grundlagen des Verfahrensrechts 1974, S. 449 ff.; Küper, Die Richteridee der StPO, 1967, S. 132 ff.

[12] Grünwald, JZ 1966, S. 489.

[13] Nach Nagel, Die Grundzüge des Beweisrechts im europäischen Zivilprozeß, 1967, S. 86, fragt es sich, „ob darüber hinaus noch andere Beweismittel anerkannt werden müssen".

[14] Patarin, S. 37, 45, 47.

[15] So nun ausdrücklich Art. 179 der griechStPO.

[16] So z. B. der Streit um den Charakter des Tonbandes als Beweismittel, Beweismittel i. S. von Beweisverfahrensobjekte.

[17] Gillieron, op. cit., S. 198; Patarin, S. 51, spricht von der „double règle de la liberté de la preuve et la règle de l'intime conviction". Vgl. Lévy-Bruhl, La preuve judiciaire, Paris 1964, S. 47; Merle / Vitu, S. 165 ff. und Glaser I, S. 353 ff., vgl. Kunert, GA 1979, S. 405.

[18] G. Walter, Freie Beweiswürdigung, 1979, S. 286 ff.

[19] So Art. 427 des französischen Code de procédure pénale. Richtig Meurer, FS Oehler, S. 364 ff., 370.

[20] Da andererseits das Beweisrecht besonders vom Strafverfahren her wissenschaftlich untersucht worden ist, ... wird der Strafprozeß in einem weiteren Umfang als sonst in die Darstellung mit einbezogen. So treffend Grunsky, S. 411.

[21] Nur prinzipiell, denn es gibt Ausnahmen unter dem Begriff der Beweisverbote etc. Vgl. Meurer, S. 360 ff.

[22] Im Sinne von Verwertungsfreiheit. Verwertungsverbote erscheinen als Ausnahmen von den Grundsätzen, die das Beweissystem konstituieren, Patarin, S. 54.

A. Die Beweissysteme

II. Die gesetzlichen Beweisregeln

1. Die Normierung des Beweisverfahrens durch gesetzliche Beweisregeln, die nicht nur Förmlichkeiten der Verfahrensakte, sondern Beweismittel und deren Beweiskraft festsetzten, ist das kennzeichnende Element dieses Systems[25]. Die Normierung des Beweisverfahrens hatte zum Zweck, die ungebundene Freiheit des Richters zu begrenzen[26]. Der Berufsrichter war in der Lage, gesetzliche Regeln auszulegen und anzuwenden, was für die Laienrichter sehr schwierig gewesen wäre.

Die Benennung des Systems bereitet keine Schwierigkeiten, denn gesetzliche Beweisregeln[27], die das Beweisverfahren regeln, lassen sich einleuchtend als System gesetzlicher Beweisregeln[28] bezeichnen.

Der Richter hat diesen gesetzlichen Bestimmungen bei der Beweisführung und Beweiswürdigung zu folgen.

2. Die Beweisregeln bestimmten, welche Beweismittel einen vollen Beweis erbrachten, welche eine weitere Untersuchung rechtfertigten und wann eine absolutio ab instantia erfolgte[29]. Die Beweisführung[30] war teils vorausbestimmt und teils nicht. Für bestimmte Fälle und für bestimmte strafbare Handlungen war das Voranschreiten des Beweisverfahrens an Voraussetzungen geknüpft, die den Weg des Beweises ordneten und die Beweismittel und deren Würdigung vorausbestimmten[31].

In anderen Fällen war vorausbestimmt, welche Beweise einen vollen Beweis erbringen[32] und welche nicht, und wann weiterer Beweis zu erheben war[33].

---

[23] So auch G. Walter, S. 286, der selbst zugesteht, „daß grundsätzlich jedes Beweisthema mit grundsätzlich jedem Beweismittel bewiesen werden konnte". Deshalb braucht man nicht den Ausweg beim „Recht auf Beweis" (Walter, S. 302 ff.) zu suchen. Es gibt nämlich keine Aufzählung einzelner Beweismittel, keinen numerus clausus, sondern nur „typische Beweismittel", Walter, S. 303.

[24] Dedes, S. 267; Patarin, S. 37; Merle / Vitu, Traité II 1979, S. 165 ff.

[25] Dedes, S. 265 ff.; Küper, Die Richteridee der StPO und ihre geschichtlichen Grundlagen, 1967, S. 125 ff., Kunert, GA 1979, 403.

[26] Denn bis dahin galt, insbesondere im altgriechischen Recht, das System der ethischen Beweise, Vidal / Magnol II, S. 886; Gillieron, S. 201; Merle / Vitu, Traité II Nr. 953.

[27] Vgl. Roxin, § 69; Küper, S. 127.

[28] Bouzat, Traité Nr. 1066.

[29] Küper, Richteridee, S. 126 ff.; Roxin, § 69 B, Bouzat, Nr. 1066.

[30] Und die Beweisaufnahme.

[31] Meurer, Beweis und Beweisregel im deutschen Strafprozeß, FS Oehler, 1985, S. 357; „unter welchen Voraussetzungen eine Tatsache als bewiesen anzusehen ist".

[32] Meurer, S. 358, 362 ff., wo auch einige Beweismaßregeln genannt sind.

[33] Die Bestimmungen bezogen sich einerseits auf die Beweiserhebung, andererseits betrafen sie das Beweismaß.

III. Die freie Überzeugung

1. Einleitung

Die Abschaffung der Bestimmungen über die restriktive Auflistung der Beweismittel und deren Würdigung sowie die positive Gewährung der Verwertungs- und Würdigungsfreiheit, die das andere System kennzeichnen[34], werden gewöhnlich als System der ethischen Beweise oder der freien Beweiswürdigung[35] bezeichnet[36].

Mit dem Begriff der freien Beweiswürdigung und insbesondere mit dem Wort „frei" wird auf die Freiheit des Richters zur Verwertung und Würdigung der Beweise hingewiesen. Dagegen wird der Begriff „Beweiswürdigung" verschieden ausgelegt. Die in der Bundesrepublik Deutschland herrschende Meinung folgt der wörtlichen Auslegung[37], so daß die Freiheit nur die Beweiswürdigung betrifft. Es ist aber unzweifelhaft, daß das System der freien Beweiswürdigung[38] auch die freie Beweisführung[39] gewährleisten soll und gewährleistet[40]. In der Lehre wird beim Gebrauch des Begriffs der freien Beweiswürdigung dann, wenn er zur Bezeichnung des entsprechenden Beweissystems dient, sehr oft — zur Vermeidung von Mißverständnissen — betont, dieser Begriff bezeichne dasjenige Beweissystem, in dem der Richter bei der Beweisführung und der Beweiswürdigung frei ist.

Das den Begriff des „ethischen Beweissystems" kennzeichnende Wort „ethisch"[41] läßt — abstrakt gesehen — keine genaue Inhaltsbestimmung zu. Der Kenner der historischen Entwicklung versteht darunter aber die Abschaffung legaler Beweisregeln, die Gewährung einer richterlichen Bewegungsfreiheit bei

---

[34] Beide Freiheiten gehören zum neuen System (s. o. 1 b, c); Patarin, S. 51; Merle / Vitu, S. 165; vgl. auch Kunert, GA 1979, S. 405 ff.

[35] Dieser Begriff wird im deutschen Raum vorgezogen. G. Walter, Freie Beweiswürdigung, 1979, S. 3, spricht vom Grundsatz der freien Beweiswürdigung und kennzeichnet seine Arbeit als „allgemein verfahrensrechtlich angelegt". Einen vergleichenden Überblick gibt Nagel, S. 72 ff. Siehe auch: Küper, Richteridee, S. 204 ff., insbesondere aber in: Historische Bemerkungen zur freien Beweiswürdigung, FS Peters, S. 23 ff.

[36] Dedes, a. a. O., S. 267.

[37] So z. B. versteht G. Walter, Freie Beweiswürdigung, 1979, S. 323 ff., den Begriff der Beweiswürdigung.

[38] Es ist auch bemerkenswert, daß das Gesetz von „freier Überzeugung" und nicht von „freier Beweiswürdigung" spricht. Obwohl Walter dies auf S. 86 ff. richtig betont, baut sein Gedankengang auf der grammatischen Auslegung des Begriffs „Beweiswürdigung" auf.

[39] Nobili, Il principio del libero convincimento del giudice, 1974, S. 38; s. auch in Spanien, Volkmann-Schluck, Der spanische Strafprozeß, 1979, S. 133 ff., Meurer, GedS Kaufmann 1986, S. 955, insbes. Anm. 35, FS Oehler, S. 370.

[40] Patarin, S. 51; Meurer, S. 364 ff.; Quintano-Rippollés, ZStW 72, 618 ff.

[41] Meiner Meinung nach ist das Wort „ethisch" besser am Platze. Walter, S. 69, spricht von den moralischen Beweisen.

der Beweisführung etc. Das Wort „ethisch" verdeutlicht insofern die Übertragung der Verantwortung für eine geordnete Durchführung des Beweisverfahrens auf den Richter. Dieser Begriff spielt insoweit eine wichtige Rolle, als damit Inhalt und Reichweite der richterlichen Freiheit angegeben werden und klargestellt wird, daß die Verantwortung von den gesetzlichen Bestimmungen auf den Richter übertragen ist[42]. Richtiger scheint nach dem oben Gesagten der Begriff „ethische Beweise"[43] zu sein, um den Kern des Beweissystems anzugeben[44].

Der Begriff der freien Beweiswürdigung ist dagegen zutreffender, wenn man nur die eigentliche Beweiswürdigung vor Augen hat.

Man könnte auch den Begriff der freien Beweisführung und Beweiswürdigung einführen[45], der das gesamte Beweisverfahren umfassen würde. Jedoch dürfte dieser Begriff mancherorts als zu weitgehend betrachtet werden. Dieses System ist nicht neu; es blickt auf eine lange Tradition im altgriechischen Recht zurück[46] und wurde erst im Mittelalter durch das andere System ersetzt.

2. Die heutige Regelung

Die freie Überzeugung als Interpretation des Begriffs der conviction intime ist — für unsere Epoche — durch die Gesetzgeber der französischen Revolution geschaffen worden[47], die die Geschworenenbank eingeführt haben. Die conviction intime sollte den Geschworenen[48] die Möglichkeit geben, zutreffend Recht zu sprechen. Die Geschworenen waren als Laienrichter nicht in der Lage, gesetzliche Bestimmungen auszulegen und anzuwenden. Die conviction intime sollte ihnen dafür Ersatz gewähren.

Nach Art. 342[49] des Code d'instruction criminelle[50] von 1808[51] „la loi ne demande pas compte aux jurés des moyens par lesquels ils se sont convaincus; elle ne leur prescrit point de règles desquelles ils doivent faire particulièrement dépendre la plénitude et la suffisance d'une preuve ... La loi ne leur fait que

---

[42] Für die Verbindung des Beweissystems mit dem Prinzip der Wahrheitsforschung: Nobili, S. 32, 40, 450 ff.

[43] So auch der Titel des Art. 177 der griechStPO.

[44] Dedes, S. 268.

[45] Dazu führt die Auffassung von Patarin, S. 51, der von einer zweifachen Regel spricht, deren Bestandteile die Freiheit der Beweise und die conviction intime sind.

[46] In einer älteren Epoche war sie im altgriechischen Recht bekannt, Vidal / Magnol, Cours de droit criminel II, 1949, S. 886; Gillieron, S. 201, Bouzat / Pinatel II Nr. 943.

[47] Gillieron, S. 198, identifiziert les preuves morales mit der conviction intime; vgl. auch Küper, Richteridee, S. 214 ff.

[48] Patarin, S. 37; Maiwald, Kausalität und Strafrecht, 1980, S. 96 ff.; Volkmann-Schluck, Der spanische Strafprozeß 1979, S. 134 ff.

[49] G. Walter, S. 1 m. w. N.

[50] So auch der Inhalt des entsprechenden Artikels des Dekrets von 1791.

[51] Zur Entwicklung im schweizerischen Recht: Gillieron, S. 201 ff.

cette seule question, qui renferme toute la mesure de leurs devoirs. Avez-vous une intime conviction". Die conviction[52] intime deckt nach dem Wortlaut dieser Bestimmung das ganze Beweisverfahren ab, denn darunter fallen „les moyens, la plénitude et la suffisance d'une preuve".

Es ist also nicht nur die historische Herkunft der conviction intime (die das System der legalen Beweise ersetzt hat), sondern auch der Text der entsprechenden Bestimmungen, die uns klar machen, daß die conviction intime Beweismittel[53], ordnungsgemäße Beweisaufnahme und endlich die Beweiswürdigung[54] einschließt[55]. Die Hervorhebung dieser Punkte, die sich auf das gesamte Beweisverfahren beziehen, zwingt zu der Annahme, daß die conviction intime nunmehr das neue Beweissystem[56] sein sollte[57].

3. Die weitere Entwicklung

Diese anfängliche Figur des „neuen" Beweissystems hatte nicht lange Gültigkeit.

Erstens, weil die Geschworenengerichte nur einen kleinen Teil der Straffälle aburteilten, während der große Teil von den Gerichten mit beamteten Richtern[58] verhandelt wurde, deren Aufgabe eben die Auslegung und Anwendung gesetzlicher Bestimmungen war.

Zweitens, weil die Verpflichtung zur Begründung der Urteile den Charakter einer pauschalen Begründung überschritten hat, um die Überprüfung durch höhere Gerichte zu ermöglichen[59].

Drittens, weil nach fast allgemeiner Ansicht die Sachverhaltsaufklärung nicht dem freien Ermessen der Geschworenen oder Richter unterliegt. Die ordnungsgemäße Sachverhaltsaufklärung bildet einen Hauptpunkt in der Überprüfung durch die höheren Gerichte und wird hierfür von erheblicher Bedeutung bleiben[60].

---

[52] Über diesen Begriff Lévy-Bruhl, La preuve judiciaire, 1964, S. 21 ff.

[53] Nach Vidal / Magnol II, S. 1043, Patarin, S. 37, wird nach dem neuen System die Zulässigkeit und Würdigung der Beweismittel nicht vorausbestimmt: vgl. auch Volkmann-Schluck, S. 136, 146 f.

[54] Also all diejenigen Punkte, die von den Bestimmungen des legalen Beweissystems geregelt waren; Vidal / Magnol II, S. 1042, Anm. 3; Patarin, S. 37.

[55] Walter hat daher auf den Text der beiden Zitate zu Beginn seiner Arbeit nicht genau geachtet.

[56] Von System sprechen: Vidal / Magnol II, S. 1037; Gillieron, S. 198 ff.; Patarin, S. 51.

[57] Dies hat G. Walter, S. 68, übersehen, mit der Folge, daß seine historische Darstellung lückenhaft ist.

[58] Eine Sonderfrage stellen die gemischten Gerichte dar.

[59] Über die ursprüngliche Figur und die nachfolgende Entwicklung: Vidal / Magnol II, S. 1043 Anm. 3; Nagel, S. 72 ff.

[60] Niese, Zur Frage der freien richterlichen Überzeugung, GA 1954, S. 148 ff.

A. Die Beweissysteme

4. Tendenzen zur Einschränkung

Durch diese Aspekte wurde die weitere Entwicklung vorausbestimmt. Lehre und Rechtsprechung haben nach Regeln gesucht, die die richterliche Tätigkeit bestimmen sollten. Ergebnis dieser Bemühungen ist die Einschränkung richterlicher Freiheit und die Errichtung von Grenzen, die dem allgemeinen Rechtsgefühl nach einem geordneten Verfahrensablauf besser entsprechen. Es ist auffallend, daß diese Einschränkungen vor allem in den Ländern zu verzeichnen sind, die das „neue" System übernommen haben. Dies beweist die Notwendigkeit solcher Prinzipien[61], die das Beweisverfahren — wenn auch elastischer — regeln sollen[62].

Die Tendenzen zur Einschränkung sind zwei Richtungen gefolgt: Einer gemäßigteren, der französischen, die Einschränkungen in der Erweiterung der Begründungsanforderungen gesucht hat[63] und einer strengeren, der deutschen, die jegliche Freiheit im Bereich der Beweisführung negiert und nur im Bereich der Beweiswürdigung eine Art von Freiheit akzeptiert, deren Charakter allerdings sehr umstritten ist.

Die freie Überzeugung als Begriff eines Beweissystems ist kein eindeutiger Begriff und läßt viele Deutungen zu[64]. Zur Untersuchung und Überprüfung dieser Auffassungen ist eine Analyse des Beweisverfahrens erforderlich, denn die Unterschiede innerhalb der Auffassungen beruhen auf Kontroversen über die Gestalt des Beweisverfahrens. Vorher sind aber einige Ausführungen über den Begriff der freien Beweiswürdigung selbst angebracht.

IV. Die freie Beweiswürdigung

1. Die historischen Grundlagen

Die trotz des auch damals erhobenen Widerstandes erfolgte Abschaffung des legalen Beweissystems durch die französische Revolution sollte zu einer völligen Entbindung des Richters von jeglichen Einschränkungen führen. Das einzige, was von ihm verlangt wurde, war die Bildung einer conviction intime[65].

---

[61] Gillieron, S. 208, meint, damit kehre man zum System der legalen Beweise zurück.

[62] Die Frage wird auch von Patarin, S. 53 ff., behandelt. Er ist der Meinung, daß gewisse Bestimmungen der wissenschaftlichen Erkenntnis nützlich sein könnten.

[63] Es ist außerdem darauf hinzuweisen, daß, obwohl Art. 342 des Code d'instruction criminelle von 1808 inzwischen nicht mehr in Kraft ist, Lehre und Rechtsprechung in Frankreich dennoch die allgemeine Geltung des Prinzips der conviction intime anerkennen. Vgl. Patarin, S. 37; s. aber auch Art. 427 des Code de Procédure Pénale (seit 1958).

[64] Eingehende Darstellung bei G. Walter, S. 68 ff., Küper, S. 293 ff.

[65] Zur historischen Entwicklung Küper, Richteridee, S. 204 ff. und FS Peters, S. 23 ff.; Nobili, Il principio del libero convincimento del judice, 1974; Walter, Freie Beweiswürdigung, 1979; Kässer, S. 166 ff.; Maiwald, S. 97 ff.

Dieser Gedanke ist für die Geschworenengerichte angemessen, für die die Abschaffung ja auch erfolgt ist[66]. Für die übrigen Gerichte geht sie zu weit, da Beweisführung und Beweisaufnahme nicht von sämtlichen Regeln entbunden werden können[67].

Auch die Verpflichtung zu einer eingehenden Urteilsbegründung hat langsam aber sicher zur Einschränkung der anfänglich zu weit gehenden richterlichen Freiheit geführt[68]. Am stärksten vertritt diese Einschränkungstendenzen die deutsche Wissenschaft[69], die den Begriff der freien Beweiswürdigung geschaffen hat. Die deutsche Lehre hat, wie bereits erwähnt wurde, von Anfang an einen eigenen Weg eingeschlagen. Obwohl die Gesetzestexte den Begriff der freien Überzeugung benutzen, hat die Wissenschaft den der freien Beweiswürdigung vorgezogen.

Dies hat mehrere Gründe:

— Erstens die anfänglich rein subjektive Auslegung des Begriffs der Überzeugung[70];
— Zweitens die Ablehnung der Auffassung, wonach der Begriff der Überzeugung das gesamte Beweisverfahren erfaßt.

2. Die Ansichten in der deutschen Lehre

Von der deutschen Lehre wird das Beweisverfahren in zwei oder mehr Bereiche unterteilt, deren wichtigste die Beweisführung und die Sachaufklärung einerseits sowie die Beweiswürdigung andererseits sind.

Im erstgenannten Bereich wird ein Ermessensspielraum mit Ausnahme einiger Grenzfälle nicht zugestanden. Vielmehr hat der Richter die Tat umfassend aufzuklären (Aufklärungspflicht)[71]. Im zweiten Bereich wird ein solcher Ermessensspielraum angenommen, wobei über dessen Ausgestaltung jedoch viele gegensätzliche Ansichten bestehen. Die deutsche Lehre hat daher den Begriff der freien Beweiswürdigung vorgezogen, den sie wörtlich auslegt, so daß er nur die Würdigung der Beweise selbst erfaßt[72]. Nicht überzeugend erscheint deswegen die Ansicht, daß dieser Begriff, wie er im deutschen Recht ausgelegt wird, gleichbe-

---

[66] Patarin, S. 37.
[67] G. Walter, S. 69 ff.; Kässer, S. 38 ff.; vgl. Volkmann-Schluck S. 134.
[68] G. Walter, a. a. O.
[69] Die Reichweite dieses Problems kann man erst erfassen, wenn man die beiden Arbeiten von Walter und Kässer, S. 57 ff., studiert. Zu den Auffassungen von Peters, Roxin und Stree vgl. G. Walter, S. 136 ff.
[70] Küper, Richteridee, S. 224 ff.
[71] Peters, 4. Aufl., S. 624; Hahn, Materialien zur StPO I, II (1885 / 6), S. 28, 29, 52 f.; 1900 Fn. 5, 2431; Köhler, NJW 1979, S. 349; Gössel, Strafverfahrensrecht 1977, § 29, vgl. zur Geschichte Meurer, FS Oehler, S. 370.
[72] Hierin ist meines Erachtens der Grund für die deutsche Auffassung zu finden.

B. Umfang, Gestalt und Phasen des Beweisverfahrens

deutend mit dem der freien Überzeugung[73] (der conviction intime der französischen Gesetzgebung) ist[74].

Die weitere Untersuchung des Problems hängt daher von der Analyse der Einzelheiten des Beweisverfahrens ab, die ein Beweissystem abdecken sollen[75].

B. Umfang, Gestalt und Phasen des Beweisverfahrens

I. Der Umfang des Beweisverfahrens

Das Beweisverfahren der Hauptverhandlung beginnt mit der Anführung des ersten Beweismittels[1] und endet mit der Verkündung[2] des Urteils. Es umfaßt also weitgehend die gesamte Verhandlung.

II. Die Gestalt des Beweisverfahrens

Das Beweisverfahren wird vom Gesetz als „Verhandlung" bezeichnet. Es enthält die Einführung der Beweismittel, die Angabe der Beweistatsachen, die Stellungnahme der Prozeßbeteiligten etc.

Die entsprechenden gesetzlichen Bestimmungen setzen voraus, daß die Beweismittel bereits gesammelt sind und nur ihre Einführung und Überprüfung der Verhandlung vorbehalten bleiben. Nicht selten ergibt sich jedoch, daß diese Sammlung infolge mangelnder Sorgfalt oder auf Grund fehlender Kenntnisse nicht vollständig ist. Diese Feststellung hat die Unterbrechung oder Aussetzung[3] der Sache und die Fortführung der Verhandlung mit sämtlichen Beweismitteln zur Folge.

Ein korrektes Beweisverfahren setzt die Einführung der (wichtigsten)[4] Beweismittel und die ständige Überprüfung ihrer Vollständigkeit voraus.

---

[73] So aber wiederum G. Walter, S. 86 ff., obwohl er selbst auf Seite 2 von zwei Polen spricht, zwischen denen das Prinzip der freien Beweiswürdigung angesiedelt sein soll.
[74] So zutreffend Nagel, S. 79.
[75] Roxin, Strafverfahrensrecht, § 15 C, spricht zwar nicht ausdrücklich von einem System, betont aber, daß der Grundsatz „im ganzen Verfahren und für alle Organe gilt". G. Walter, S. 350 f., sagt gegen Ende seiner Arbeit: Das Beweisrecht insgesamt, da sich der Grundsatz freier Beweiswürdigung nicht isoliert von seiner Umhüllung durch das ganze Beweissystem betrachten läßt; vgl. auch Patarin, S. 37.
[1] So nach Art. 350, 351 der griechStPO.
[2] Zu dieser Problematik Dedes, Strafverfahrensrecht, 6. Aufl., S. 483, 504.
[3] Sie ist nicht immer notwendig.
[4] Nach Art. 327 der griechStPO muß die StA alle bedeutenden Zeugen in die Hauptverhandlung einladen.

III. Die Phasen des Beweisverfahrens

Das Beweisverfahren bietet eine kontinuierliche Abwechslung von Eindrücken, vorläufigen Urteilen und vorläufigen Überzeugungen, die den Gang des Verfahrens unaufhörlich abändern. Hierfür gibt es vielfältige Beispiele: Im Laufe der Vernehmung eines Zeugen wird festgestellt, daß ein weiterer, bislang unbekannter wichtiger Zeuge existiert, der vorgeladen und vernommen werden muß; die Vernehmung eines weiteren Zeugen widerlegt bisherige Eindrücke und nötigt zu einer erneuten Überprüfung bereits erhobener Beweise; die Feststellung einer Tatsache widerlegt eine bisherige Beweiswürdigung usw. Diese unaufhörliche Abänderung[5] könnte zu dem Schluß führen, daß eine Unterteilung des Beweisverfahrens in Teile oder Phasen nicht zu befürworten ist. Trotz aller Bedenken erscheint eine Unterteilung wegen der Verschiedenartigkeit der Funktionen einer jeden Phase jedoch nötig und begrüßenswert.

Eine systematische und logische Ordnung des Beweisverfahrens führt zu folgenden Ergebnissen:

Die Verhandlung über die Beweismittel setzt deren sachgerechte Sammlung voraus. Die Verantwortung hierfür trägt das erkennende Gericht. Die Überprüfung der gesammelten Beweismittel auf Vollständigkeit und ihre eventuelle Vervollständigung stellt nun die erste Phase des Beweisverfahrens dar.

Die zweite Phase wird durch die Erhebung der Beweise gebildet, die unter den Grundsätzen der Öffentlichkeit, der Mündlichkeit, der Unmittelbarkeit sowie der Konzentration erfolgt[6]. Sie ist eine der schwierigsten und wichtigsten Aufgaben innerhalb des Beweisverfahrens.

Die dritte Phase wird durch die Würdigung der erhobenen Beweise gekennzeichnet; als vierte Phase folgt die Überzeugungsbildung.

Nach einer anderen Auffassung sind die erste und zweite sowie die dritte und vierte Phase zu konzentrieren, so daß man nur zu einer Zweiteilung gelangt. Die logische Basis und die funktionelle Verschiedenheit der vier Phasen sind jedoch ernsthafte Gründe, die für eine Vierteilung sprechen. Die mit einer zeitlichen Trennung eventuell verbundenen Schwierigkeiten oder sogar mögliche Überschneidungen der verschiedenen Phasen können — wie mir scheint — die Verschiedenartigkeit ihrer Funktion nicht widerlegen. Die Eigenständigkeit der Problematik jeder dieser Phasen[7] ist im übrigen seit geraumer Zeit allgemein anerkannt[8].

---

[5] Vgl. Grunsky, S. 447 ff.

[6] Zu deren Bedeutung: Nagel, Die Grundzüge des Beweisrechts im europäischen Zivilprozeß, 1967, S. 53 ff.; Gössel, § 20 C, § 22 A.

[7] In Art. 177 der griechStPO kann man unterscheiden zwischen a) Feststellung von Tatsachen, b) Würdigung der Beweise, c) Bildung der Überzeugung. Gössel, § 30, spricht von freier Beweiswürdigung und Überzeugung.

B. Umfang, Gestalt und Phasen des Beweisverfahrens

IV. Ergebnis

1. Die Phasen des Beweisverfahrens und der Begriff der freien Überzeugung

a) Die Existenz dieser vier Phasen des Beweisverfahrens ist der Grund dafür, daß der Begriff der freien Überzeugung von der Wissenschaft zur Kennzeichnung des Beweisverfahrens nicht akzeptiert wird. Wer einen komplexen Beweisverfahrensbegriff bejaht, kann mit dem Terminus der freien Überzeugung hauptsächlich nur die vierte Phase bezeichnen. Auch wer einen gemäßigteren Weg einschlägt und eine Zweiteilung des Beweisverfahrens vornimmt, kann hiermit wiederum nur dessen zweiten Teil kennzeichnen.

Der Begriff der freien Überzeugung könnte das gesamte Beweisverfahren nur dann wiedergeben, wenn dies einphasig wäre und die freie Überzeugung die Rolle eines allgemeinen Prinzips spielte. Dieser Gedanke war in der Zeit der französischen Revolution das eigentliche Motiv für die Übernahme des Begriffs dergestalt, daß die Wahrheit nicht nur durch vorgegebene Beweisregeln gefunden und erzielt werden, sondern auf die Verantwortung und das Gewissen der Richter gestützt werden sollte [9].

b) Die Erkenntnis der mit dieser Lösung verbundenen Gefahren hat in kurzer Zeit zu einer Einschränkung der erteilten Befugnisse geführt [10]. Die verschiedenen Phasen des Beweisverfahrens zwingen nun dazu, den Begriff der freien Überzeugung auf seinen eigentlichen Bereich zu beschränken, d. h. auf den Bereich, in dem die Überzeugung die wichtigste Rolle spielt.

c) Die Unmöglichkeit der Erfassung des gesamten Beweisverfahrens durch den Begriff der freien Überzeugung hat manche Wissenschaftler zur Schaffung eines ergiebigeren Begriffes veranlaßt. So ist der Begriff der freien Beweiswürdigung [11] entstanden [12]. Wir werden uns im folgenden diesem Begriff zuwenden.

---

[8] So ist zu erklären, daß Aufklärung und Würdigung getrennte Fragen darstellen, obwohl sie beide dem Bereich der freien Beweiswürdigung unterfallen. Ein Rückgriff auf diesen Grundsatz ist daher nicht immer „fälschlicherweise" gemacht oder sogar fehlerhaft, wie dies G. Walter, S. 295, meint.

[9] Patarin, S. 37; Gillieron, S. 199 ff.

[10] Eine weitere Einschränkung wird in Frankreich von Patarin, S. 53 ff., gefordert; vgl. auch Lévy-Bruhl, S. 49. Für die Schweiz vgl. Gillieron, S. 205 ff.

[11] G. Walter behandelt diese Frage nicht, denn er folgt der Ansicht, die für eine vollkommene Identität beider Begriffe eintritt.

[12] Im Vergleich zum Begriff der freien Überzeugung deckt die freie Beweiswürdigung eine zentralere Phase des Beweisverfahrens ab, obwohl sie die Rolle eines allgemeinen Prinzips nicht so gut erfüllen kann wie die freie Überzeugung.

2. Die Phasen des Beweisverfahrens und der Begriff der freien Beweiswürdigung

a) Das System der legalen Beweise hatte durch seine Regeln das gesamte Beweisverfahren abgedeckt, d. h. sowohl die Beweisführung und Aufnahme der erlaubten Beweismittel als auch die Beweiswürdigung mit der nachfolgenden Entscheidungsfindung. Die Abschaffung dieser Regeln durch das System der freien Überzeugung schafft den Eindruck einer völligen Freiheit für alle Phasen des Beweisverfahrens. So entsteht die Frage nach der Grenze dieser Freiheit innerhalb der einzelnen Phasen.

b) Die Antwort der deutschen Wissenschaft ging dahin, daß in der geschichtlichen Entwicklung viele Zulässigkeitsschranken[13] abgebaut wurden. Dies bedeutet aber keine eigentliche Freiheit, da die Verpflichtung des Richters zur Aufklärung der Tat seine Verantwortung andererseits nämlich erhöht hat.

c) Im System der legalen Beweise konnte der Richter so vorgehen, wie es ihm die vom Gesetz vorgenommene Würdigung der Beweise vorschrieb[14] und allein auf ein Geständnis oder die Aussage zweier Zeugen sein Urteil stützen. Im System der freien Beweiswürdigung wird dagegen (zumindest) auf die sorgfältige Sammlung der wichtigsten Beweismittel entscheidender Wert gelegt[15].

d) Die Aufklärungspflicht des Richters findet ihre Grenze in den Bestimmungen der StPO über die Ablehnung[16] von Beweisanträgen[17]. Die Ablehnung eines Beweisantrages muß sich auf diese Bestimmungen stützen[18]. Die freie Überzeugung kann dort nur bei sehr spezifischen Auslegungsproblemen als letzte Stütze, als Richtschnur[19] wieder eine Rolle spielen[20].

---

[13] Wenn man von einer Abschaffung eines numerus clausus der Beweismittel im Sinne von Beweisverfahrensobjekten nicht sprechen will.

[14] Gillieron, S. 199.

[15] Deshalb ist der Gedanke einer Trennung der Aufklärungs- von der Würdigungsfrage angebracht.

[16] Art. 333, § 2, 334, § 2 der griechStPO und § 244 III, IV der deutschen StPO; Gössel, § 29 B.

[17] Grunsky, S. 441, demzufolge „ein Beweisantrag nur unter gewissen, sehr engen Voraussetzungen abgelehnt werden darf".

[18] Grünwald, FS Honig, 1970, S. 53 ff.

[19] Sie spielt also in Grenzfällen noch immer eine Rolle.

[20] Roxin, Strafverfahrensrecht, § 15 C, sagt z. B.: „Der Grundsatz der freien Beweiswürdigung hat zwar in erster Linie für die Entscheidung Bedeutung, die aufgrund der Hauptverhandlung ergeht; er gilt aber im ganzen Verfahren und für alle Organe..." Henkel, Strafverfahrensrecht, ²1968, S. 349, behauptet, der Grundsatz der freien Beweiswürdigung gelte für den gesamten Bereich richterlicher Beweiserhebung.
Der Grundsatz aber gilt nicht erst in dem Augenblick, indem das Ergebnis der Beweisaufnahme zu prüfen ist, sondern muß sich auch auf das vorausgehende Verfahren erstrecken, Glaser I, S. 353.

e) Für die dritte und vierte Phase des Beweisverfahrens, die Beweiswürdigung und die Überzeugungsbildung, genießt der Richter größere Bewegungsfreiheit, da die Würdigung der Beweise, mit einigen Ausnahmen, ihm obliegt. Doch sind auch gegen diese Freiheit manche Stimmen laut geworden[21].

f) Der Beweiswürdigung folgt die Überzeugungsbildung. Sie ist so eng mit der Würdigung verbunden, daß sie sehr oft als mit ihr identisch betrachtet wird. Hierzu verleitet vielleicht auch der Begriff der freien Beweiswürdigung[22].

Die Identifizierung der zwei Phasen scheint mir aus mehreren Gründen nicht richtig zu sein, denn

— der systematische Aufbau des Beweisverfahrens erfordert die analytische Figur, d. h. die Differenzierung in Sammlung, Verhandlung, Würdigung und Überzeugung;

— die methodische Betrachtung des Beweisverfahrens führt zu demselben Ergebnis, weil die Würdigung der Beweise logische Voraussetzung der Überzeugung ist;

— die Überprüfung der Gerichtsurteile, insbesondere durch das Revisionsverfahren, differenziert zwischen Mängeln der Begründung und mangelhafter Überzeugungsbildung. Die erste stellt einen verfahrensrechtlichen Revisionsgrund dar, während die zweite ein materiell-rechtlicher Grund ist;

— die theoretische Unterscheidung der Phasen ist für die Einordnung der entsprechenden Probleme und folgerichtig auch für ihre Lösung notwendig.

Diese Feststellungen ergeben die Antwort auf die Frage, warum der Begriff der „freien Beweiswürdigung"[23] nicht das gesamte Beweisverfahren abdecken kann (obwohl er im Vergleich zum Begriff der „freien Überzeugung" vielleicht aussagekräftiger ist). Zur Kennzeichnung des Beweissystems ist der Begriff der ethischen Beweise ergiebiger, denn er umfaßt ohne Schwierigkeiten das gesamte Beweisverfahren.

3. Schlußbetrachtungen

Dieses Ergebnis setzt voraus, daß ein einheitlicher Begriff eines Beweissystems noch notwendig ist. Die Differenzierung in vier Phasen des Beweisverfahrens ermöglicht demgegenüber eine andere Lösung, und zwar die gegenwärtig im deutschen Schrifttum vertretene, derzufolge eine selbständige und differenzierende Antwort für jede einzelne Phase vorgezogen wird. Diese Lösung entspricht

---

[21] G. Walter, S. 68 ff.; Gössel, § 30 C III.
[22] Vgl. Gössel, § 30 C; Henkel, Strafverfahrensrecht, ²1968, S. 262.
[23] Man kann auch nicht behaupten, daß die Würdigung der Beweise den zentralen oder wichtigsten Teil des Beweisverfahrens ausmacht, da die sachgerechte Aufklärung des zugrunde liegenden Sachverhaltes einen ebenso wichtigen Gegenstand des Beweisverfahrens bildet.

der wissenschaftlichen Entwicklung, die eine vertiefende Problematisierung des Beweisverfahrens ermöglicht und deswegen zu begrüßen ist.

C. Die Phasen des Beweisverfahrens und die Beweiswürdigung

I. Einleitung

1. Eine der noch keineswegs geklärten Fragen ist, ob die Beweiswürdigung ein Problem nur der Endphase des Beweisverfahrens ist oder ein Problem, das das ganze Beweisverfahren durchdringt[1]. Die meisten Autoren, die sich mit dem Problem befassen, gehen davon aus, die Beweiswürdigung sei eine Frage der Überzeugungsbildung[2]. Andere lassen die Frage offen. Sie betonen zwar, daß das Beweisverfahren aus Beweisführung, -aufnahme und Beweiswürdigung zusammengesetzt ist, ohne jedoch klarzustellen, ob die Beweiswürdigung auch die Beweisführung, -aufnahme deckt oder nicht.

Nach Peters[3] untersteht die Sachverhaltsfeststellung dem Grundsatz der objektiv-subjektiven Beweiswürdigung. Die Sachverhaltsfeststellung aber sei ein andauernder Prozeß. Er beginne mit der Einführung des ersten Beweismittels und ende mit dem Abschluß der Beweisführung bzw. -aufnahme.

Die Frage lautet nun: Findet im Laufe dieses Prozesses nur eine Würdigung statt, oder haben wir es mit einer Reihe von (Beweis-)Würdigungen zu tun, unabhängig davon, ob sie selbständige Würdigungen oder Teile der Endwürdigung oder inzidente Würdigungen sind[4]?

2. Zunächst erscheint es jedoch notwendig, sich einer anderen Frage zu widmen: Einige Autoren meinen, hier sei eine Unterscheidung zwischen der Tätigkeit des Untersuchungs- und der des erkennenden Richters notwendig. Der Untersuchungsrichter (oder das Untersuchungsorgan) treffe im Laufe der Wahrheitserforschung immer neue Würdigungen, um die notwendigen und besten Erforschungsmaßnahmen anzuordnen. Dagegen habe der erkennende Richter den Fall abgeschlossen vor sich und brauche nur am Ende der Beweisaufnahme über das Ergebnis zu entscheiden[5]. Diese Ansicht entspricht nur einer ideellen Situation, nämlich der, daß die Untersuchung den Fall geklärt hat. Sie entspricht auch nur dem, was sein sollte. In Wirklichkeit überspringt die Verhandlung sehr oft die

---

[1] Dedes, Grundprobleme des Beweisverfahrens, GedS Kaufmann, 1986, S. 229 ff.; vgl. auch Bockelmann, ZStW 60, 610.

[2] Oben B IV 2 f.; vgl. Volkmann-Schluck, S. 133 ff.

[3] Peters, Strafprozeß, 4. Aufl., 1985, S. 298.

[4] Für den Untersuchungsrichter kann man folgendes lesen: „Le juge d'instruction forme peu à peu sa conviction à mesure qu'il découvre nouveaux éléments", Gorphe, L'appréciation des peuvres, 1947, S. 57.

[5] Gorphe, a. a. O.

Grenzen der Aktenlage und der Richter muß die Rolle des Untersuchungsrichters übernehmen, was auch sonst wegen der Instruktionsmaxime ohnehin zu tun gewesen wäre.

Wigmore und Gorphe beschreiben die Tätigkeit des erkennenden Richters folgenderweise: „Le juge, auquel est soumis un dossier constitué et une affaire dejá préparée forme sa conviction d'après l'ensemble des preuves qu'il examine, sinon ensemble du moins immédiatements l'une après l'autre ... l'objet est de représenter le processus logique d'une juxtaposition consciente des idées détaillées produites, dans le but de former rationellement une seule idée finale"[6]. Also sind danach bis zur letzten Phase der Beweiswürdigung eine Reihe von Teilwürdigungen nötig. Die „idée finale" braucht eine Reihe von „idées detaillées". Die Arbeit des erkennenden Richters scheint einfacher im Vergleich zu der Arbeit des Untersuchungsrichters, kann aber genauso schwierig sein[7]. Denn Gorphe[8] fragt sich: „Pour déterminer la nature et la valeur de ces rapports et, au besoin, pouvoir choisir entre les preuves, ne faut il pas, tout d'abord, établir une évaluation comparative des diverses sortes des preuves, qui serve de directive en cas de conflit?"

II. Die Beweisführung und die Beweiswürdigung

Den Weg zur Festlegung von Tatsachen nennt man Beweisführung, und die Aufgabe der Beweisführung ist die Gewinnung der Unterlagen für die Urteilsfindung[9]. Die Sachverhaltsermittlung geschieht im Wege des Beweises[10].

Die Durchführung dieses Verfahrens, des Beweisverfahrens, ist keine einfache Sache. Sie ist vielmehr sehr oft die schwierigste Aufgabe des Richters.

1. Die aus dem Ermittlungsverfahren gesammelten Beweismittel müssen (und zwar von Amts wegen!) auf Vollständigkeit überprüft werden. Beweisanträge und Beweisermittlungsanträge der übrigen Prozeßsubjekte kommen nur an zweiter Stelle zur Hilfe. Die Pflicht zur Suche nach den Beweismitteln und zur Überprüfung ihrer Vollständigkeit trifft an erster Stelle das Gericht[11].

So hat das Gericht herauszufinden, ob nach Lage des Falles

---

[6] Gorphe, S. 57 f.

[7] Es gilt also hier, was Hans Groß und Gorphe, S. 162 f., über den Untersuchungsrichter geschrieben haben.

[8] Gorphe, S. 443, 461 ff.

[9] Peters, Strafprozeß, 4, 1981, 286. Genauso meint Schlüchter, Nr. 559.1: „Nachdem in der Beweisaufnahme die entscheidungserheblichen Tatsachen festgestellt worden sind, wird ... der ermittelte konkrete Sachverhalt unter die abstrakte Rechtsnorm subsumiert".

[10] Vgl. Gössel, Strafverfahrensrecht 1977, S. 178: „Beweisen heißt Erforschung des wahren Sachverhalts. Dies geschieht durch Wahrnehmungen und Würdigung dieser Wahrnehmungen".

[11] Über die vier Phasen des Beweisverfahrens, Dedes, a. a. O., S. 937 ff. und oben bei B.

a) ein Beweisantrag abzulehnen oder ob ihm stattzugeben ist. Dies kann Schwierigkeiten machen[12]. Denn die Tatsache, die bewiesen werden soll, mag nicht zur Sache[13] gehören, kann bereits erwiesen[14] oder ohne Bedeutung[15] sein. Darüber hat das Gericht zu entscheiden.

b) Ein Beweisantrag kann abgelehnt werden, wenn die zu beweisende Tatsache offenkundig überflüssig ist oder der Antrag zum Zweck der Verschleppung des Verfahrens gestellt worden ist[16]. Darüber hat wiederum das Gericht zu entscheiden.

Die Entscheidung des Gerichts in den oben erwähnten Fällen wird nach Lage des Einzelfalles und nach der Überzeugung der erkennenden Richter getroffen[17]. Der Richter soll nach seiner Überzeugung, also Beweiswürdigung[18], die Entscheidung treffen.

Regelmäßig läßt sich, wie treffend gesagt wird[19], ohne rechtliche Würdigung nicht beurteilen, welche Tatsachen erheblich sein können.

2. Das Gericht hat entsprechend dem Verfahrensstand zu entscheiden, ob es möglich ist, zu einem eindeutigen Urteil zu gelangen oder ob weitere Erforschungsmaßnahmen zu treffen sind. Darüber hat das Gericht nach seiner Überzeugung zu entscheiden[20].

3. Das Gericht hat des weiteren zu entscheiden, ob eine während der Beweisaufnahme sich ergebende Frage nach einem Rechtfertigungsgrund anzunehmen oder abzulehnen ist und ob die einschlägigen Beweismittel in entsprechender Weise in die Debatte einzuführen sind. Dazu muß die bisherige Beweisaufnahme gewürdigt werden.

Eine Antwort auf all diese Fragen kann nicht ohne eine Würdigung der konkreten Verfahrensentwicklung, der Beweisaufnahme in der Hauptverhandlung[21] ge-

---

[12] Eingehend dazu Tenckhoff, Die Wahrunterstellung im Strafprozeß, 1980. Die Ablehnung eines Beweisantrages soll nach ihm eine die abschließende Beweiswürdigung betreffende Zusicherung des Gerichts sein, vgl. S. 29, 39. Vgl. auch Grünwald, FS Honig, S. 55; Graf zu Dohna, FS Kohlrausch, S. 319, hatte schon auf das Problem der vorweggenommenen Beweiswürdigung hingewiesen.

[13] Eb. Schmidt, § 244, Nr. 32.

[14] Hier liegt ein Ablehnungsgrund vor, der sich aus dem in der Hauptverhandlung gewonnenen Beweisergebnis ergibt, so Eb. Schmidt, § 244 Nr. 52; vgl. auch Roeder, Lehrbuch des österr. Strafverfahrensrechts, 1963, § 26.

[15] So § 244 Abs. 3; vgl. auch Eb. Schmidt, § 244 Nr. 46.

[16] Vgl. Bockelmann, ZStW 60, 610.

[17] Eb. Schmidt, § 244 Nr. 38, 39.

[18] Vgl. Arzt, FS Peters, S. 228, der von einer „gewissen Vorauswürdigung des Beweismittels" spricht; auch Krause, Zum Urkundenbeweis im Strafprozeß, 1966, S. 43 f.

[19] Schlüchter, Nr. 559.3; Köhler, Inquisitionsprinzip, S. 31, spricht von Zwischenbeweiswürdigung.

[20] Vgl. Eb. Schmidt, § 244 Nr. 10 ff.; LR-Gollwitzer, § 244 Rdn. 46, 47.

[21] So ausdrücklich § 264 Abs. 1 „... wie sie sich nach dem Ergebnis der Verhandlung darstellt".

C. Die Phasen des Beweisverfahrens und die Beweiswürdigung

geben werden. Denn die Hauptverhandlung kann eigene Wege gehen, die sich sehr oft von den Ergebnissen der Ermittlungsverfahren unterscheiden[22].

4. Außer diesen herausgehobenen Fragen gibt es auch viele andere, die aus der StPO zu entnehmen sind und eine Würdigung voraussetzen oder nicht ausschließen. Vergleiche hierzu die nachstehende Tabelle:

§ 238 II   Eine die Sachleitung betreffende Anordnung des Vorsitzenden wird von einer an der Verhandlung beteiligten Person als unzulässig beanstandet; in diesem Fall entscheidet das Gericht.

§ 241 I   Demjenigen, welcher im Falle des § 239 I die Befugnis zur Vernehmung mißbraucht, kann sie von dem Vorsitzenden entzogen werden.

§ 241 II   In den Fällen des § 239 I und des § 240 II kann der Vorsitzende ungeeignete oder nicht zur Sache gehörende Fragen zurückweisen.

§ 242   Zweifel über die Zulässigkeit einer Frage entscheidet in allen Fällen das Gericht[23].

§ 244 III   Ablehnung eines Beweisantrags als unzulässig
      wegen Offenkundigkeit oder Unerheblichkeit[24]
      wegen bereits geführten Beweises
      wegen Ungeeignetheit des Beweismittels
      wegen Unerreichbarkeit des Beweismittels
      wegen angestrebter Prozeßverzögerung.

§ 246 IV   Entscheidung über verspätete Beweisanträge.

§ 251 IV   Entscheidung über die Verlesung von Protokollniederschriften etwa von Zeugenaussagen.

§ 257 I   Nach der Vernehmung eines jeden Zeugen, Sachverständigen oder Mitangeklagten sowie nach der Verlesung eines jeden Schriftstücks soll der Angeklagte befragt werden, ob er dazu etwas zu erklären habe.

§ 257 II   Auf Verlangen ist auch dem Staatsanwalt und dem Verteidiger nach der Vernehmung des Angeklagten und nach jeder einzelnen Beweiserhebung Gelegenheit zu geben, sich dazu zu äußern.

§ 257 III   Die Erklärungen dürfen den Schlußvortrag nicht vorwegnehmen.

§ 264 I   Gegenstand der Urteilsfindung ist die in der Anklage bezeichnete Tat, wie sie sich nach dem Ergebnis der Verhandlung darstellt.

§ 265 I   Der Angeklagte darf nicht auf Grund eines anderen als des in der gerichtlich zugelassenen Anklage angeführten Strafgesetzes verurteilt

---

[22] Vgl. Arzt, a. a. O., S. 230, 237, der von einer Priorität der Beweiswürdigung gegenüber den Regeln des Strengbeweises spricht.
[23] Vgl. LR-Gollwitzer, § 244 Rdn. 52.
[24] Die treffenden Ausführungen von Köhler, S. 31, 36, 40.

werden, ohne daß er zuvor auf die Veränderung des rechtlichen Gesichtspunktes besonders hingewiesen und ihm Gelegenheit zur Verteidigung gegeben worden ist.

§ 265 II Ebenso ist zu verfahren, wenn sich erst in der Verhandlung vom Strafgesetz besonders vorgesehene Umstände ergeben, welche die Strafbarkeit erhöhen oder die Anordnung einer Maßregel der Besserung und Sicherung rechtfertigen.

§ 265 III Neu hervorgetretene Umstände.

§ 265 IV Aussetzung infolge veränderter Sachlage.

§ 266 III Die Verhandlung wird unterbochen, wenn es der Vorsitzende für erforderlich hält oder wenn es der Angeklagte beantragt und sein Antrag nicht offensichtlich mutwillig oder nur zur Verzögerung des Verfahrens gestellt ist.

III. Die Beweisaufnahme und die Beweiswürdigung

1. Ist nun diese inzidente Würdigung eine freie Würdigung? Für das ältere Recht bestand diesbezüglich kein Zweifel. Das ganze Beweisverfahren wurde vom Prinzip der freien Beweiswürdigung beherrscht[25]. Was gilt aber heute?

Peters meint hierzu folgendes: Im Beweisverfahren selbst ist es der Rechtsprechung und der Gesetzgebung gelungen, aus dem früheren System der freien Beweisaufnahme ein System der rechtlichen Gebundenheit der Beweisanträge zu entwickeln (§ 244 StPO)[26]. Die Gebundenheit ist keine andere als die Aufklärungspflicht des Richters. Er muß alle Beweismittel suchen, sammeln und in die Verhandlung einführen[27]. Daraus entstehen die oben genannten Fragen[28], die der Richter zu entscheiden hat.

Was soll man nun als Ergebnis feststellen? Ist die Beweisaufnahme eine würdigungsfreie Tätigkeit[29] oder enthält sie auch Fälle, die eine Würdigung voraussetzen?

2. Es gibt Fälle, in denen das eine oder das andere zutrifft. Die Aufklärungspflicht[30] kann es dem Richter gebieten, einem Beweisantrag stattzugeben. Wenn

---

[25] Vgl. Meurer, GedS H. Kaufmann, 1986, S. 947, 955.

[26] Peters, S. 298.

[27] Dedes, GedS H. Kaufmann, S. 936 ff.; Glaser I, S. 373.

[28] Bei II, A, B, C.

[29] Gewiß sind nicht alle während der Beweisaufnahme zu treffenden Entscheidungen mit einer Beweiswürdigung verbunden; über die Unterscheidung, vgl. Meurer, S. 947 ff.

[30] § 244 II StPO. Man sollte vielleicht zwischen formaler und materieller Seite der Beweiserhebung oder zwischen Voraussetzungen und Gegenstand der Sachverhaltsgewinnung unterscheiden, so Meurer, a. a. O., S. 954.

C. Die Phasen des Beweisverfahrens und die Beweiswürdigung

aber der Richter meint, daß der Antrag wegen Überflüssigkeit[31], Unerheblichkeit oder Verschleppungsabsicht abzulehnen ist, kann die Entscheidung ohne Beweiswürdigung nicht getroffen werden[32].

3. Es wird sehr oft betont, daß die Beweisantizipation oder ein vorweggenommenes Beweisergebnis[33] oder -würdigung unzulässig ist[34] und nur in einigen Fällen gestattet sein kann[35]. Dies ist gewiß eine generelle und optimistische Antwort. In Wirklichkeit findet während jeder Minute und für die Gesamtdauer des Verfahrens eine vorläufige Überzeugungsbildung statt, die das Prozedieren des Richters bestimmt[36]. Die Erheblichkeit einer Tatsache, und darum geht es ja in der Beweisaufnahme, läßt sich ohne rechtliche Würdigung nicht beurteilen[37]. Die Dynamik des Prozesses, die Änderung der Qualifikation oder der Umstände der Tat beeinflussen sehr oft die Figur des zu beurteilenden Gegenstandes. Die dazu gehörende Würdigung des Falles setzt eine, wenn auch nur vorläufige, Beweiswürdigung voraus[38].

Wenn sich die Ergebnisse der Beweisaufnahme in der Hauptverhandlung miteinander vereinbaren lassen, entstehen normalerweise keine Zweifelsfragen[39]. Ist dies aber nicht der Fall, dann hat der Richter den Grund aufzusuchen, um die Diskrepanz aufzuheben. Ist dies nicht der Fall, dann hat er sich für eine der Möglichkeiten zu entscheiden[40].

Dieses Prozedieren kann ohne Würdigung der bereits erhobenen Beweise nicht voranschreiten[41]. Diese vorläufige Würdigung hat nur den Sinn einer Orientierung. Sie hat auch nicht den Zweck, Beweise und Beweisergebnisse endgültig zu entscheiden. Der Richter soll wissen, wohin er geht oder gehen kann. Die Auffassung, nach der alles dieses erst im Anschluß an das Beweisverfahren stattfinden soll, ist sowohl rein theoretisch als auch praktisch problematisch, denn nach dem Ende des Beweisverfahrens kann der Richter die eventuell auftau-

---

[31] Gössel, S. 256; BGHSt 21, 118, 121.

[32] Oder nach dem bisherigen Beweisergebnis. Grünwald, FS Honig, S. 55, 56, 61; vgl. auch Graf zu Dohna, S. 325 ff. und Küper, Richteridee, S. 9.

[33] Die Reichweite dieser Mahnung soll erst eingehend geprüft werden. Darauf hat schon Graf zu Dohna, S. 319 ff., hingewiesen.

[34] KMR § 244 Nr. 124 ff. Über die Eingrenzung dieser vorläufigen Beweiswürdigung durch das Verbot der Beweisantizipation LR-Gollwitzer, § 244 Rdn. 46, 47, 68, 69.

[35] KMR § 244 Nr. 125.

[36] Vgl. Bockelmann, ZStW 60, 610; Krause, S. 43, 44; Tenckhoff, S. 40.

[37] Gössel, S. 194, § 261 gilt über die Beweisaufnahme hinaus für die gesamte Sachverhaltsermittlung; s. auch LR-Gollwitzer, § 244 Rdn. 46.

[38] In einem Vorgang ständiger Wechselwirkung zwischen Obersatz und Lebenssachverhalt. KMR § 244, Nr. 113; Engisch, Logische Studien, S. 13 ff.; Dedes, Die Revision, S. 64 ff., 109 ff.; Grunsky, Grundlagen des Verfahrensrechts, 1974, S. 416.

[39] Von ursprünglich vorgefundener Überzeugung spricht Glaser I, S. 349.

[40] Gorphe, S. 442.

[41] Glaser I, S. 372, spricht von zwei Abschnitten der Beweiswürdigung und Peters, S. 300, von einem stufenweisen Bewertungsvorgang.

chenden Lücken der Beweisaufnahme nicht mehr so leicht füllen[42]. Nur wenn er vom Beginn des Beweisverfahrens an die Beweiswürdigung vor Augen hat, kann er die Zweifel, Lücken, Unbestimmtheiten usw. bis zum Ende des Beweisverfahrens klären[43] und damit seine Justizgewährungspflicht richtig erfüllen. Nur so kann er den Beschuldigten über die Änderung der Gesichtspunkte informieren und die Verhandlung korrekt durchführen[44].

4. Eine andere Frage ist, ob die Würdigung der Beweise keine freie Wertung im Sinne einer ungebundenen Freiheit sein soll. Die Notwendigkeit der Begrenzung der „freien" Beweiswürdigung wird von vielen als eine Forderung der Rechtsstaatlichkeit bestätigt[45].

Aber die Kriterien der Richtigkeit eines Urteils betreffen normalerweise den logischen Aufbau der Entscheidung. Sie können manche Seiten der Beweiswürdigung bzw. der Überzeugungsbildung wenig beeinflussen[46]. Welcher Zeuge die Wahrheit sagt, ist eine Frage des persönlichen Eindrucks des Richters, soweit nicht andere Anhaltspunkte vorhanden sind[47].

Dies wird für die Augenscheineinnahme und für die Expertise ausdrücklich betont[48]. Der dahingehende Beweisantrag kann abgelehnt werden, wenn der Augenschein nach dem pflichtgemäßen Ermessen des Gerichts zur Erforschung der Wahrheit nicht erforderlich ist.

Dasselbe gilt nach Eb. Schmidt für die Frage der Erheblichkeit einer Tatsache[49]. Das bisher gewonnene Beweisergebnis spiele eine große Rolle, genauso wie die Möglichkeit einer Überprüfung[50] der gewonnenen Überzeugung[51].

IV. Die End- und Gesamtwürdigung

Gewiß sind diese vorläufigen Teilwürdigungen am Ende des Beweisverfahrens vielleicht sogar schon im Laufe des Beweisverfahrens[52] noch einmal vorzunehmen und kritischer zu überprüfen.

---

[42] Vgl. Tenckhoff, S. 46 f.
[43] Denn die erneute Prüfung ist eine Forderung, Glaser I, S. 350.
[44] Was seiner Pflicht gemäß § 265 entspricht.
[45] Peters, S. 299; Meurer, FS Kirchner, 1985, S. 252.
[46] So z. B. die irrationale Komponente der Überzeugungsbildung, Meurer, S. 263 und FS Wolf, 1985, S. 486.
[47] Peters, S. 284, wonach „... die Wertung bleibt ... der richterlichen Überzeugungsbildung überlassen"; vgl. auch Maiwald, S. 100 ff.
[48] § 244 IV, V.
[49] Eb. Schmidt, § 244 Nr. 50.
[50] Vgl. Eb. Schmidt, § 244 Nr. 76.
[51] "Bewiesen" ist eine Tatsache erst, wenn sich das Gericht nach Abschluß der Beweisaufnahme in der Beratung seine Überzeugung gebildet hat, Krause, S. 43.

C. Die Phasen des Beweisverfahrens und die Beweiswürdigung 31

Die endgültige[53] Würdigung[54], die zur Überzeugungsbildung führt, ist eine komplexe Arbeit[55]. Diese „globale" Würdigung besteht nicht nur aus den Teilwürdigungen, d. h. aus Teilen der Endwürdigung, sondern auch aus den Beziehungen zwischen den Ergebnissen der verschiedenen Beweismittel. Diese Arbeit kann endgültig erst am Ende des Beweisverfahrens stattfinden. Erst dann ist die Aufgabe wahrzunehmen, alle Teile zusammenzufügen und zu einer Gesamtwürdigung zu kommen, die eine Endwürdigung sein kann[56]. Die komplexe seelische Situation der subjektiven Gewißheit, die das Gesetz mit dem Begriff der Überzeugung bezeichnet, entsteht durch einen Willensakt in der Endphase der Überzeugungsbildung[57].

V. Ergebnis

1. Die Urteilstätigkeit des Richters beginnt mit dem Anfang der Verhandlung und endet mit der Urteilsverkündung[58]. Die Beurteilung der Sache ist ein fortwährender, andauernder Prozeß[59]. Immer neue Fragen tauchen auf, immer neue Beweise werden nötig und immer neue (Beweis-)Würdigungen werden verlangt.

2. Die Beweiswürdigung kann deshalb mit der Überzeugungsbildung, die mit der ganzheitlichen Würdigung der Sache verknüpft ist, nicht als identisch angesehen werden. Sie inkorporiert Teilwürdigungen[60], die für die Fortdauer des Prozesses[61] notwendig sind[62] und von der Überzeugungsbildung, die die Endphase darstellt, getrennt werden können.

Damit wird keineswegs bezweifelt, daß eine Gesamtwürdigung nach der Beweisaufnahme notwendig ist, die zu einer Überzeugungsbildung führen soll[63].

---

[52] Eb. Schmidt, § 244, spricht von „bisherigem Beweisergebnis" (Nr. 52) und von einer „bisher gewonnenen Überzeugung" (Nr. 76) und Peters, S. 300, von einem stufenweisen Bewertungsvorgang.

[53] Eb. Schmidt, § 261 Nr. 18 und Küper, Richteridee, S. 297, sprechen von „Endphase der Überzeugungsbildung".

[54] Meurer, S. 947, spricht von einer „abschließenden Würdigung".

[55] Vgl. oben C I Nr. 2 am Ende, und LR-Gollwitzer, § 261 Rdn. 7, 8, 12, 13; Gössel, GA 1979, S. 247; Kasper, Freie Beweiswürdigung und Kriminaltechnik, 1975, S. 17 ff.

[56] Vgl. Maiwald, S. 98, 99 (über den Total- oder Gesamteindruck).

[57] Küper, S. 297, Kasper, S. 21, Bohne, S. 77 ff.

[58] Vgl. Henkel, S. 349, der behauptet, der Grundsatz der freien Beweiswürdigung durchdringe den gesamten Bereich richterlicher Beweisführung und die gesamte richterliche Tätigkeit.

[59] Küper, Richteridee, S. 293 ff.

[60] Vgl. z. B. das Erklärungsrecht, das sich auf den jeweils beendeten Beweiserhebungsakt beschränkt (§ 257 StPO), denn das Recht zu einer Gesamtwürdigung wird in den Sachvorträgen wahrgenommen; Gössel S. 260.

[61] Sie werden gemäß den angeführten Paragraphen vom erkennenden Richter ausdrücklich verlangt, s. Grünwald, FS Honig, S. 55, 56, 61, 62.

[62] Dem Prinzip der freien Beweiswürdigung gebührt der Vorrang vor dem Prinzip des Strengbeweises; vgl. Artz, FS Peters, S. 237.

[63] Vgl. Gössel, S. 264.

3. Ob man von Teil- und Gesamtwürdigung oder von Phasen der Überzeugungsbildung spricht[64], ist nebensächlich. Wichtig ist vielmehr eines: Würdigung und Überzeugungsbildung durchlaufen aufeinanderfolgende Phasen[65], bevor der Richter zur Überzeugungsbildung[66] als der Endphase[67] seiner Verantwortung kommen kann[68].

D. Freie Beweiswürdigung und Beweisverfahren

I. Freie Beweisführung und Strengbeweis

1. Das System der freien Beweiswürdigung[1] hat im Prinzip[2] alle Einschränkungen[3] der Beweisführung[4] und Beweiswürdigung abgeschafft, so daß sich der Richter eigentlich frei bewegen kann, wenn er nach der Wahrheit sucht.

Die meisten Einschränkungen hinsichtlich der Verwendbarkeit von Beweismitteln sind abgeschafft, und der Richter darf grundsätzlich jedes Beweisobjekt[5] benutzen[6]. Er darf als Untersuchungsorgan jede Spur und jeden Gegenstand untersuchen und in die Verhandlung einführen. Außer den Förmlichkeiten des Verfahrens[7] und den Beweisverboten bestehen keine Einschränkungen seiner Ermittlertätigkeit[8] und seiner Aufklärungspflicht[9].

---

[64] Oder zwischen rationaler und irrationaler Komponente unterscheidet, vgl. Volk, Wahrheit, S. 8, der zwischen empirisch zu ermittelnder Wahrscheinlichkeit und subjektiv erlebter Gewißheit unterscheidet vor allem Kasper, S. 19 ff., von der dort vorgegebenen Literatur.

[65] Küper, S. 297; Tenckhoff, S. 105 f., Über die drei Phasen der Überzeugungsbildung Bohne, Überzeugungsbildung, S. 52 ff.

[66] So ist z. B. die Überwindung von Zweifel als Überzeugungsbildung von der einfachen Beweiswürdigung zu unterscheiden.

[67] Ob darüber hinaus auch noch andere Unterscheidungsmerkmale oder -kriterien bestehen, kann hier nicht weiter erforscht werden.

[68] Die freie Beweiswürdigung ist ein rationaler Vorgang im Gegensatz zur bloßen Entscheidung nach dem Gefühl (intime conviction), so Ziegler, S. 35.

[1] Darüber Dedes, Grundprobleme des Beweisverfahrens, GedS Kaufmann, 1986, S. 929 ff.

[2] Aber nicht vollkommen, vgl. Meurer, FS Oehler, S. 359 ff., Dedes, Strafverfahrensrecht, § 62.

[3] Als Einschränkung ist die Ex-ante-Nichtzulassung eines Beweismittels zu verstehen.

[4] Merle / Vitu, Traité II, 1979, S. 165 ff.

[5] Bouzat, Traité 1951, S. 722; LR-Gollwitzer, § 244 Rdn. 8.

[6] Glaser I, S. 371 Anm. 5 (s. Fn. 42).

[7] Vidal / Magnol, Cours de droit criminel II, S. 1045; Roeder, Lehrb. d. österr. Strafverfahrensrechts, 1963, § 27.

[8] Dedes, a. a. O., S. 930.

[9] Manzini, Trattato di diritto processuale penale III, 1970, S. 232, 244 Anm. 1 zu Nr. 297 bis Cass. 20 Aprile 1966 „qualsiasi elemento di prova che non sia espressamente vietato dalla legge"; Rittler, SchwZStR 43, S. 179.

D. Freie Beweiswürdigung und Beweisverfahren

2. Das Gesetz aber kennt — wie oft gesagt wird — nur vier Beweismittel[10], und nach der Lehre vom Strengbeweis darf der Strafrichter seine Überzeugung nur auf diese vier Beweismittel aufbauen. Es stellt sich daher die Frage, wie diese beiden Auffassungen miteinander in Einklang zu bringen sind.

Mit der Lehre vom Strengbeweis soll nur betont werden, daß die Beweisaufnahme[11] die Förmlichkeiten[12] der jeweiligen Strafprozeßordnung[13] beachten muß[14].

Das Erkenntnismaterial insgesamt[15], auf das der Richter seine Überzeugung stützen kann, wird durch diese vier[16] Formen[17] wenig eingeschränkt[18].

II. Freie Beweisführung und Beweismittel

1. Die Frage, ob als Beweismittel nur jene vier in Betracht kommen, die die deutsche StPO bei der Beweisaufnahme regelt, hat einen anderen Sinn als bisher und kann nur zu Mißverständnissen führen. Die Frage betraf bisher die Beweise, die Objekte, aus denen die erheblichen Tatsachen erschlossen werden können[19]. Das Tonband z. B. war als Beweismittel ausgeschlossen, weil es die Voraussetzungen einer Urkunde nicht erfüllte. Jetzt ist es als Gegenstand des Augenscheins in das Beweisverfahren eingeführt worden, wie jedes andere Objekt[20], anhand dessen der Richter eine Tatsache feststellen kann[21].

---

[10] Ziegler, Beweisrecht im Strafverfahren, 1969, S. 24, führt an: „Es sind mit der Beschuldigtenvernehmung fünf". Vgl. auch Roxin, Strafverfahrensrecht, 20. Aufl., 1987, § 25 B.

[11] Die übrigens nur einen Teil des Beweisverfahrens in der Hauptverhandlung deckt. Näheres dazu unter F.

[12] Vgl. LR-Gollwitzer, § 244 Rdn. 8; Schlüchter, Das Strafverfahren 1983, Nr. 474; „Das Erheben der Beweise hat . . . insofern zu geschehen . . . dürfen Beweise nur erhoben werden auf die im Gesetz bestimmte Weise mit den im Gesetz vorgesehenen Beweismitteln".

[13] Bouzat, S. 723; Roeder, § 27.

[14] Über den latenten Konflikt zwischen freier Beweiswürdigung und Strengbeweis, Arzt, FS Peters, S. 223 ff.

[15] Unten bei E.

[16] Die Abgrenzung der Beweismittel stellt nur auf die Art ihrer Präsentierung in der Hauptverhandlung ab. Damit bleiben die materiellen Erkenntnisquellen frei. „Entscheidend ist also nicht die Funktion, sondern die Präsentation" (Ziegler, S. 24 und Anm. 11).

[17] Einige sagen vier und einige fünf, wie unten dargestellt wird; vgl. auch Eb. Schmidt, Vorb. 4-8 zu § 244.

[18] Vgl. Grunsky, S. 435. Regeln des Strengbeweises sind insbesondere die Unmittelbarkeit und die Parteiöffentlichkeit.

[19] Vgl. Vidal / Magnol, a. a. O., S. 1038 ff.; so auch Art. 342 des Code d'instruction criminelle „La loi ne démande pas compte aux jurés des moyens par lesquels ils se sont convaincus". So auch Bouzat, S. 724.

[20] Schlüchter, Nr. 541; Roxin, § 28 C.

[21] Dasselbe gilt für Lichtbildaufnahmen, Schallplatten usw.; vgl. Manzini, S. 247 ff., 248 Anm. 9 - II.

Der Katalog der Beweismittel[22] betrifft die Formen[23], die die Beweisaufnahme kennt und nicht die Beweise selbst. Die Frage betrifft also die Form und nicht die Objekte[24]. So könnte man nun einen „erschöpfenden" Katalog annehmen, nach dem alle Beweisobjekte (besser: Erkenntnisobjekte) für die Durchführung der Hauptverhandlung in die Kategorien Zeuge, Sachverständige, Urkunde und Augenschein[25] untergebracht worden sind[26].

2. Die Frage nach der Zulässigkeit der Beweismittel hat an Bedeutung verloren, seitdem die vormaligen Zulässigkeitsschranken[27] abgenommen haben[28]. Nun kann z. B. nahezu jeder Zeuge vernommen werden, und lediglich die Würdigung seiner Aussage kann sich von Fall zu Fall anders darstellen.

Jeder sinnlich wahrnehmbare Gegenstand[29] ist Objekt des Augenscheins. Durch den Augenschein kann jede Spur, jedes Indiz in die Beweisaufnahme gelangen. Es braucht nicht die Voraussetzungen der drei ersten Beweismittel zu erfüllen, denn es kann über den Augenschein zur Überzeugungsbildung beitragen.

Im Prinzip ist also kein Gegenstand von der Beweiserhebung ausgeschlossen, denn was nicht unter den Urkundenbegriff fällt, kann als Augenscheinsobjekt betrachtet und gewürdigt werden[30]. Demnach kann man heute behaupten, daß kein beweiserhebliches Objekt[31] vom Beweis ausgeschlossen ist[32]. Freiheit der Beweisführung bedeutet daher freie Einführung aller Beweisobjekte, aber nicht Befreiung von den Formalitäten der Verhandlung.

Es ist daher mißverständlich, wenn man vom Katalog der Beweismittel spricht und damit den Eindruck erweckt, als ob die Quellen der Überzeugungsbildung eingeschränkt wären[33]. Nur die Formen ihrer Einführung in die Hauptverhandlung sind jedenfalls teilweise gesetzlich geregelt und insofern auch eingeschränkt.

---

[22] Einige sprechen sogar vom „numerus clausus" der Beweismittel oder vom erschöpfenden Katalog, KK-Herdegen, § 244 Rdn. 15.

[23] In Frankreich spricht man von „modes de preuve", Bouzat, S. 729.

[24] Es sind les „moyens de preuve", Vidal / Magnol II, S. 1044 f.

[25] Schlüchter, Nr. 531, 539; Krause, S. 120.

[26] Bezüglich der Objekte der Augenscheinseinnahme gibt es keine Beschränkung, Eb. Schmidt, Vorbem. 4 zu § 244.

[27] Als Prinzip gilt die freie Beweisführung und Beweiswürdigung, Vidal / Magnol II, S. 1044.

[28] Jeder Zeuge, auch ein Kind oder ein Geisteskranker.

[29] Abgesehen von einigen Formalitäten; s. dazu KK-Herdegen, § 244 Rdn. 16; für die Augenscheinsobjekte gibt es keinen geschlossenen Kreis.

[30] Der Augenscheinsbeweis ist wegen seiner Regellosigkeit ... an sich geeignet, die Schranken anderer Beweismittel zu umgehen, Ziegler, S. 35.

[31] Glaser I, S. 37 I Anm. 5.

[32] Schlüchter, S. 493 Anm. 216 sagt: „Damit ist allerdings nicht gesagt, daß nur diese Beweismittel auf die Überzeugungsbildung des Gerichts einwirken können. So ist die Einlassung des Beschuldigten als ein wichtiges Mittel der Überzeugungsbildung anerkannt".

[33] Im Freibeweis wird die Wahrnehmung der Informationen ohne die Formalitäten der Beweisaufnahme vollzogen.

D. Freie Beweiswürdigung und Beweisverfahren

3. Alle Beweisobjekte, alle Erkenntnisquellen, wie z. B. — um nur einige Beispiele aus der Rechtsprechung zu erwähnen — Skizzen[34], Lichtbildaufnahmen[35] und das Tonband, werden in die Beweisaufnahme eingeführt, obwohl sie z. B. keine Urkunden sind. Der Augenschein ist zum potentiellen Auffangbecken sämtlicher Beweisobjekte geworden[36]. Es gibt also keinen numerus clausus für Beweise, für Erkenntnismittel[37]; deren Einführung in die Beweisaufnahme setzt regelmäßig voraus, daß die Formalitäten der Verhandlung beachtet werden. Die Urkunde muß wegen der Geltung des Unmittelbarkeitsprinzips und des Grundsatzes der Mündlichkeit verlesen werden[38]; die anderen Objekte müssen dem Gericht und den anderen Prozeßbeteiligten zur Einsichtnahme offengelegt und schließlich in das Protokoll der Hauptverhandlung eingetragen werden. Sie sind gewiß selbständige Beweise oder Beweisobjekte. Unbeantwortet bleibt nur noch die Frage, ob sie als Beweismittel[39] bezeichnet[40] werden sollen.

4. Der Begriff Beweismittel ist mehrdeutig[41] und nicht exakt festgelegt. Die zwei geläufigsten Interpretationen streiten darüber, ob unter den Begriff „Beweismittel" die Quelle[42] der Überzeugungsbildung oder die Art und Weise ihrer Einführung in die Hauptverhandlung zu verstehen ist. Beide Ansichten werden in der Literatur vertreten.

Beweismittel sind nach der ersten Meinung die Objekte — wie z. B. Personen oder Sachen —, die zur Überzeugungsbildung[43] beitragen können[44]. Dies betrifft nicht die Form der Einführung des Beweises, sondern das konkrete Mittel[45], Objekt[46], die konkrete Quelle[47]. Die Form der Einführung stellt nur die Methode[48]

---

[34] RGSt 47, 235; Eb. Schmidt, Vorbem. 4 zu § 244, Nr. 12 zu § 245.

[35] RGSt 36, 55; Krause, S. 79 ff.

[36] Sämtliche Objekte, die nicht unter die Begriffe der Urkunde und der persönlichen Beweismittel fallen, können als Augenscheinsobjekte bezeichnet werden, so Robert, Der Augenschein im Strafprozeß, 1974, S. 23 ff. und 43 ff.

[37] Für Elemente des Beweises, wie man in Frankreich sagt.

[38] Roxin, § 28 A.

[39] Vgl. Ziegler, S. 122, 123.

[40] Nach Eb. Schmidt, § 245 Nr. 12 ff., kann jedes Objekt Gegenstand des Augenscheins und in diesem Sinne herbeigeschafftes Beweismittel werden.

[41] Es sind vier verschiedene Hauptinterpretationen.

[42] Vgl. Glaser, Handbuch des Strafprozesses I, 1883, S. 344.

[43] Wenn das Wort „Mittel" alles, was zum Ziele (hier: zum Beweis) führt, bedeutet.

[44] Peters, S. 325, behauptet: „Das Beweismittel dient dazu, den Sachverhalt ... zu klären"; vgl. auch Roxin, § 24 A.

[45] Vgl. Ziegler, S. 123 f., der als neue vom Gesetz noch nicht vorgesehene Beweismittel die Unfallskizzen und die Tonbandaufnahmen erwähnt. Er bezeichnet sie als selbständige und neue Beweismittel und verweist auf einschlägige Entscheidungen in der Rechtsprechung, wie BGH VRS 5, 543, BGH NJW 1963, 1318 usw.

[46] Robert, Der Augenschein, stellt folgendes fest: „Beweismittel sind Objekte, die den Richter von der Wahrheit einer Tatsache überzeugen sollen" (S. 17); „Ob sie im Gesetz erwähnt worden sind, spielt keine Rolle" (S. 24); „Deren Zulässigkeit und Zuverlässigkeit ist eine andere Frage" (S. 24 / 25); vgl. auch KMR § 244 Nr. 50 ff.

[47] Wie Personen oder Sachen.

der Einführung in die Hauptverhandlung (in der Beweisaufnahme) dar. Es sind die Formalitäten der Prozeßhandlungen, der Diskussion, der Verhandlung.

Die andere Meinung vertritt den Standpunkt, daß Beweismittel die vier Arten der Einführung der Beweise in der Beweisaufnahme sind[49]. Als Mittel wird hier nicht das Objekt, die Quelle der Information, sondern die juristische Form[50] oder der Beweisakt, d. h. die Aussage, der Inhalt der Urkunde[51] charakterisiert.

Eine solche Interpretation des Beweismittelbegriffs ist zwar theoretisch vertretbar. Wenn aber die StPO von Beweismitteln spricht, wie z. B. in den §§ 94, 200, 214, 245, dann meint sie nicht die noch unbekannte Form und Art der Präsentation[52] in der Hauptverhandlung, sondern die Objekte, die Gegenstände, die Personen, die Erkenntnisquellen. Genauso erstreckt sich die Aufklärungspflicht nach § 244 II auf alle Beweise[53], alle Beweisverfahrensobjekte und nicht auf die unbekannten Beweisformen[54].

Dieses Problem hat Gössel treffend erkannt[55]. Er unterscheidet zwischen den Bestimmungen des Beweisganges und dem Inhalt der Beweismittel, die vom Inhalt (Wahrnehmungsinhalt) und dem Beweisträger (Vermittler der Wahrnehmung) gebildet werden[56].

Eine andere Unterscheidung der Beweise in Beweismittel und Beweisobjekte, die herbeigeschaffte Beweismittel in diesem Sinne sind[57], betont das Problem, bringt aber keine begriffliche Klärung.

---

[48] Vgl. Eb. Schmidt, Vorb. 4 zu § 244.

[49] Vgl. KMR § 244 Nr. 50 ff.

[50] Die natürliche Form der Wahrnehmung würde zu einer zweifachen Einteilung der Beweismittel führen, nämlich direkte Wahrnehmung durch den Richter und Wahrnehmungen dritter Personen.

[51] Oder nach anderen Autoren das Objekt bzw. Ergebnis der Beurteilung. Vgl. KMR § 244 Nr. 51.

[52] Dies ist nur dann vertretbar, wenn man als Voraussetzung die Zulassung des Objektes im konkreten Prozeß während der Hauptverhandlung akzeptiert, was einige doch tun.

[53] Und darunter fallen Beschuldigtenvernehmung und Indizien. Vgl. unten Nr. 6 am Ende, 7, 8, 10.

[54] Diese Interpretation setzt auch voraus, daß der Beweismittelbegriff nur während und innerhalb der Hauptverhandlung verwendet wird. Vgl. KMR § 244 Nr. 49, was den §§ 94, 200, 214 nicht gerecht wird.

[55] Gössel, Strafverfahrensrecht 1977, § 22 A III und LR § 359.

[56] Man könnte auch sagen, daß die modalen Bestimmungen die Art und Weise der Einführung darstellen. Es sind die Formen des Beweisganges, der Beweisaufnahme. Der Inhalt der Aussagen, der gedankliche Inhalt der Urkunde und der Inhalt des Augenscheins stellen die Beweisinhalte dar. Beweisträger sind schließlich die jeweiligen Gegenstände. Vgl. die §§ 94, 200, 214. Beweisträger und Beweisinhalt bilden gemeinsam das Beweismittel.

[57] Vgl. Eb. Schmidt, § 245 Nr. 12.

D. Freie Beweiswürdigung und Beweisverfahren

Eine ähnliche Unterscheidung zwischen Formen und Mittel, wie z. B. zwischen modes des preuves und moyens de preuve[58], wird heute nur passim[59] vertreten[60].

5. Es ist auch zu betonen, daß die Unterscheidung der verschiedenen Arten der Beweismittel sehr oft formalen Charakter hat[61], denn eine Urkunde kann als Indiz verwendet werden, genauso wie eine Zeugenaussage oder die Beschuldigtenvernehmung[62] als Indiz verwendet werden kann. Die Erkenntnisquelle ist ein Beweis, und zwar unabhängig davon, welche Beweisform gewählt bzw. am Ende vorgezogen und was für ein Beweis (d. h. direkter oder indirekter) begründet wird.

Die Form der Einführung ist nicht immer ein ständiges Element und wird entsprechend dem konkreten Verlauf des Beweisverfahrens nach pflichtgemäßem Ermessen des erkennenden Gerichts bestimmt.

6. Diese Sachverhaltsermittlung insgesamt wird in verschiedene Abschnitte zerlegt. Üblich ist die Zweiteilung, wie z. B. in die Vernehmung des Angeklagten und in die Beweisaufnahme[63]. Diese begriffliche Zergliederung geschieht auf Grund der gesetzestechnischen Lösung der StPO. Die StPO hat diese Zweiteilung vorgezogen, da beide Abschnitte in wesentlichen Bereichen gänzlich unterschiedlichen Regeln folgen[64].

Weil aber die Vernehmung des Beschuldigten eine der hervorragendsten Quellen zur Feststellung des Sachverhalts ist, spricht nichts gegen die Einbeziehung der Vernehmung[65] des Beschuldigten in den Kreis der Beweismittel[66].

Als Beweismittel wird aber auch sehr oft nur diejenige Art und Weise der Wahrnehmung von Beweisinhalten benannt, die der förmlichen Beweisaufnahme angehören, d. h. Zeuge, Sachverständiger, Urkunde und Augenschein. Auf diese Einteilung bauen einige Autoren die Unterscheidung von Strengbeweis und Freibeweis, wonach die Antwort auf die Tat- und Schuldfrage nur auf diese vier Beweismittel gestützt werden darf[67].

---

[58] Bouzat, S. 722; Vidal / Magnol II, S. 1044, 1045.

[59] Vgl. Bouzat / Pinatel II Nr. 1184. Unter dem Begriff „modes" werden alle Mittel des direkten und indirekten Beweises angegeben, wie Beschuldigtenvernehmung und Indizien.

[60] Vgl. Glaser I, S. 366.

[61] Vgl. Glaser I, S. 372, 373.

[62] Les divers modes de preuves ne constituent pas des procédés profondement distincts ... Dans la réalité, les éléments de preuves se présentent fort mélangés les uns aux autres, Gorphe, S. 48, 144, 145, 160.

[63] Gössel, S. 194; Ziegler, S. 42; LR-Gollwitzer, § 244 Rdn. 10.

[64] Gössel, S. 179.

[65] So ausdrücklich in Frankreich Bouzat, S. 722, 744; Vidal / Magnol II, S. 1045.

[66] Gössel, S. 179. Auf S. 194 unterscheidet er zwischen „Beweisaufnahme als Teil der Sachverhaltsermittlung" und (auf S. 196) der „Sachverhaltsermittlung außerhalb der Beweisaufnahme".

[67] Roxin, § 24, erwähnt fünf, darunter auch den Beschuldigten.

Es ist indes anerkannt, daß die Verurteilung des Angeklagten sich auch auf sein Geständnis oder seine Vernehmung gründen kann[68], falls das Gericht in freier Beweiswürdigung[69] darauf eingeht[70].

Als Erklärung wird gesagt, daß zu den Beweismitteln im weiteren Sinne auch die Einlassung des Angeklagten zu rechnen ist. Insofern sollte man von fünf statt von vier Beweismitteln[71] oder von Beweismitteln im engeren und weiteren Sinne sprechen[72].

7. Beweisobjekte sind nach § 94 StPO diejenigen Gegenstände, die für die Untersuchung von Bedeutung sein können. Die Beweisaufnahme erstreckt sich nach § 245 StPO auf alle vom Gericht vorgeladenen Zeugen, Sachverständigen sowie auf die sonstigen nach § 214 Abs. 4 vom Gericht oder von der Staatsanwaltschaft herbeigeschafften Beweismittel[73].

Der Umfang der Beweisaufnahme deckt also alle Beweisobjekte nach § 214 Abs. 4 ab, und darunter fallen auch die gesammelten Gegenstände, d. h. alle Sachen, die zur Klärung des Sachverhalts und zur Wertung der Tat beitragen können[74]. Diese Gegenstände werden ausdrücklich als Beweismittel bezeichnet. Die Beweisaufnahme soll also die ganze Sachverhaltsermittlung abdecken. Eine Differenzierung der Sachverhaltsermittlung in verschiedene Teile, so z. B. in Beweisaufnahme, Beschuldigtenvernehmung, indirekter Beweis (Indizien), kann gewiß einen theoretischen Wert haben. Für die Überzeugungsbildung stellen jedoch alle diese Formen den Sachverhalt fest.

Man könnte auch von Abschnitten des Beweises sprechen[75]. Es sollten aber mehrere sein, so daß darunter auch die beschlagnahmten Gegenstände untergebracht[76] werden können[77] (gemäß §§ 94, 214 und 245 StPO[78]).

8. Nach der herrschenden Meinung soll man zwischen dem direkten[79] und dem indirekten Beweis unterscheiden[80].

---

[68] Trotz der bestehenden Bedenken gegen dieses Beweismittel. Vgl. Bouzat, S. 744.
[69] Gössel, S. 194.
[70] Ziegler, S. 42: „Die Beschuldigtenvernehmung dient der Sachaufklärung und die mitgeteilten Tatsachen dürfen verwertet werden"; vgl. auch RGSt 48, 249.
[71] Vgl. Roxin, § 24 B.
[72] LR-Gollwitzer, § 244 Rdn. 10.
[73] Alle werden als Beweismittel bezeichnet.
[74] Vgl. Peters, GedS H. Kaufmann 1986, S. 916.
[75] So Gössel, S. 194.
[76] So auch in der Schweiz, Robert, S. 60.
[77] Der Richter soll dann die Art und Weise ihrer Präsentation bestimmen oder vielleicht ändern und eine andere auswählen.
[78] Die übliche Unterscheidung der sachlichen Beweismittel in Urkunden und Augenscheinsobjekte sei unvollständig, betont Robert, S. 25.
[79] Glaser I, S. 736 ff.
[80] Vgl. aber Grünwald, FS Honig, S. 55 ff.; s. auch Volk, JuS 1975, 27; NStZ 1983, 423; Wahrheit, S. 8.

D. Freie Beweiswürdigung und Beweisverfahren 39

Eine Verurteilung kann auch auf Indizien gestützt werden. Der Indizienbeweis wird aber nicht als selbständiger Beweisgang behandelt.

Der indirekte Beweis (also Indizienbeweis) kann die (vier) Beweismittel[81] des Strengbeweises, der Beweisaufnahme, überspringen. Denn die Beschuldigtenvernehmung kann als Indiz bis zur Verurteilung (aber auch zum Freispruch) führen. Wird der Gegenstand der Urteilsfindung nicht bloß in der Beweisaufnahme festgestellt, so muß § 261 auch auf die Beschuldigtenvernehmung Anwendung finden, wie Gössel treffend bemerkt[82]. Und genauso geschieht es mit den Indizien[83].

9. Gössel unterscheidet deshalb zwischen Beweismitteln innerhalb der Beweisaufnahme und sonstigen Beweismitteln[84], wie z. B. der Beschuldigtenvernehmung.

Für die Beweismittel der Beweisaufnahme stellt die StPO einen erschöpfenden Katalog zur Verfügung[85]. Für die anderen Beweismittel gibt es keinen Katalog[86]. Als die bekanntesten Fälle muß man die Beschuldigtenvernehmung und die Indizien erwähnen[87].

10. Die gesetzlich genannten Formen der Präsentation der Beweise in der Beweisaufnahme können nicht als genereller Katalog der Beweise angesehen werden, denn sie beinhalten nicht die Einlassung des Beschuldigten und die Indizien[88].

Insoweit kann man von einem erschöpfenden Katalog nur dann sprechen[89], wenn man bereit ist, weitere Beweismittel zu akzeptieren, die dann einem weiteren Beweisverfahrensabschnitt angehören müssen.

---

[81] Vgl. Krause, S. 83, man darf sich nur der Formen der Beweismittel des direkten Beweises bedienen.

[82] Gössel, S. 194.

[83] Wenn man die verschiedenen Modi der Erkenntnismittel unterscheiden will, dann sollten die Beschuldigtenvernehmung und die Indizien mit einbezogen werden; vgl. dazu Bouzat, S. 722; Vidal / Magnol II, S. 1045; Rittler, SchwZStR 43, S. 180.

[84] So auch die Unterscheidung im weiteren Sinne.

[85] Gössel, S. 196.

[86] Insoweit kann auch der erste Katalog keine Ausschließlichkeit beanspruchen.

[87] Man sollte deswegen entweder alle Erkenntnismittel als Beweismittel anerkennen oder drei Beweisverfahren unterscheiden, d. h. Beweisaufnahme, Beschuldigtenvernehmung und Indizienbeweis.

[88] Vgl. Glaser I, S. 458 „Die einzelnen Beweise und ihre Aufnahme".

[89] Selbst Eb. Schmidt, Vorbem. 4 zu § 244, betont, daß die StPO die Methode der Wahrheitsermittlung nicht in das Belieben des Gerichts stellt.

III. Freie Beweisführung und Beweisgänge oder -arten

1. Die Unterscheidung zwischen direktem und indirektem Beweis ist geläufig[90]. Als Kriterium wird die Geeignetheit eines Beweismittels, eine strafrechtserhebliche Tatsache unmittelbar[91] zu beweisen[92], verwendet.

Jeder Beweis kann direkt oder indirekt geführt werden, sagt Peters. Vom direkten Beweis spricht man dann, wenn die Richtigkeit der rechtserheblichen Tatsache unmittelbar aus dem Beweisergebnis folgt. Ein indirekter Beweis liegt vor, wenn die Richtigkeit der rechtserheblichen Tatsache aus den erwiesenen Tatsachen erst durch einen weiteren Schluß ermittelt werden kann[93].

2. Die Unterscheidung zwischen direktem und indirektem Beweis ist häufig nicht ex ante durchführbar. Die StPO kennt folgende Beweismittel: a) Zeugen, b) Sachverständige, c) Urkunden und d) Augenschein. Ob diese einen direkten oder indirekten Beweis erbringen sollen, wird nicht gesagt[94]. Die gesetzliche Regelung ist allgemeiner Natur.

Einige meinen, daß auch der sog. Indizienbeweis nur mittels der schon erwähnten Beweismittel geführt werden kann. Es gibt kein Indiz an sich, sondern Ergebnisse der Beweisaufnahme[95], die man als Basis eines indirekten Beweises benutzen kann[96]. Wenn aber die ex ante Unterscheidung der Beweisarten zumindest fraglich erscheint, ist auch diese Aussage selbst problematisch.

3. Die Ermittlungstätigkeit weicht häufig von den gesetzlichen Regeln für die Hauptverhandlung und die Beweisaufnahme ab. Die Sammlung der ersten Spuren geschieht unter schwierigen Umständen und findet sehr oft außerhalb der Hauptverhandlung statt. Die Prozeßhandlungen[97] im Ermittlungsverfahren müssen in diesen Fällen nur protokolliert werden. Dies soll an Beispielen verdeutlicht werden:

Ein Polizeibeamter hat in der Nähe des Tatortes ein Messer, mit dem vermutlich das Opfer umgebracht worden ist, gefunden; auf der Kleidung des Verdächtigen sind Blutflecken gefunden worden, die dem Opferblut vielleicht ähnlich sind. Beide Objekte werden in Verwahrung genommen, beschlagnahmt und später in

---

[90] Sie stammt, wie behauptet wird, aus dem mittelalterlichen Recht der gesetzlichen Beweisregeln; Vidal / Magnol II, S. 1042; Manzini, S. 516 ff.
[91] Gianturco, La prova indiziaria 1958, S. 174; Vidal / Magnol II, S. 1080.
[92] Dazu Gorphe, L'appreciation des preuves en justice 1947, S. 42 ff.
[93] Peters, S. 294.
[94] Man muß sich aber vor Augen halten, daß eine Zeugen- oder Sachverständigenaussage, eine Urkundenverlesung oder eine Augenscheineinnahme nicht immer einen direkten Beweis darstellen.
[95] Vgl. Krause, S. 83; vgl. auch LR-Gollwitzer, § 261 Rdn. 60.
[96] Vereinzelt wird auch behauptet, daß die Tatsachen, die man als Basis eines indirekten Beweises benutzen kann, nur Tatsachen aus einem direkten Beweis sein können.
[97] Oder Untersuchungshandlungen.

D. Freie Beweiswürdigung und Beweisverfahren

der Hauptverhandlung als Beweismittel benutzt. Die Beschlagnahme ist eine anerkannte Prozeßhandlung im Ermittlungsverfahren und hat eine selbständige Existenz. Bei ihr brauchen nur die Förmlichkeiten der Protokollierung[98] beachtet zu werden[99]. Die sichergestellten oder beschlagnahmten Gegenstände werden gemäß den §§ 94, 214, 245 als Beweismittel gekennzeichnet[100], und zwar unabhängig davon, was für einen Beweis, direkten oder indirekten, sie erbringen können. Die beschlagnahmten Gegenstände sind Erkenntnisquellen und können als solche verwendet werden[101]. Wie über diese Gegenstände verhandelt wird, ist eine andere Frage[102]. Sie können als Urkunden, als Augenscheinsobjekte oder als Expertisenobjekte verwendet werden. Man kann sehr oft vorab nicht sagen, was für eine Behandlung oder Prozeßhandlung stattfinden soll.

Die Aussage des Polizeibeamten, falls diese vom erkennenden Richter als nötig erachtet wird[103], hat nur den Sinn der Bestätigung des Protokolls der Beschlagnahme[104] und der Einbringung weiterer Informationen. Diese Aussage und weitere Fragen über die Herkunft des Messers oder das Sachverständigengutachten über die Herkunft des Blutes ändern oder mindern die Erkenntnismittelqualität des Gegenstandes[105] nicht, d. h. Beweisobjekt bleibt das Messer und das Blut auf der Kleidung[106] und nicht die Zeugenaussage[107] oder das Gutachten oder bestenfalls beides gemeinsam[108].

Die Beschuldigtenvernehmung[109] kann wiederum als Indiz bis zur Verurteilung führen, obwohl sie als Beweismittel generell nicht anerkannt ist.

---

[98] Oder des procés verbal nach französischem Recht, Art. 92 CPP. Vgl. Soyer über die constatations materielles, S. 238 ff.

[99] Die StA hat die Pflicht, die Beweise zu erheben, deren Verlust zu besorgen ist, § 160 Abs. 2; vgl. auch Roxin, § 28 A.

[100] Einziehungsgegenstände sind in § 163 StPO geregelt.

[101] Die Indizien stammen aus irgendeiner Prozeßhandlung oder aus einem Beweismittel, Gianturco, S. 55; vgl. Robert, S. 60.

[102] Über die Präsentation des piéces á conviction: Bouzat, S. 830.

[103] Insbesondere, wenn das Beschlagnahmeprotokoll nicht verwendet bzw. verlesen werden darf oder das Augenscheinsprotokoll des Polizeibeamten nicht verlesen werden darf.

[104] Es sind Fragen, die die Zulässigkeit und Zuverlässigkeit der Beweise betreffen, vgl. Ziegler, S. 126.

[105] Vgl. LR-Gollwitzer, § 26 i Rdn. 102.

[106] Insbesondere, wenn die StA die beschlagnahmten Gegenstände den Akten beigefügt hat, § 200. Erkenntnisquelle ist dann das Objekt und nicht die Erklärung des Polizeibeamten.

[107] Damit wird die eigenständige Bedeutung des Indizes nicht berührt: vgl. Ziegler, S. 122 Anm. 471 über die Verwendung einer Skizze im Zusammenhang mit dem Personalbeweis, der als eine Zulässigkeitsvoraussetzung bewertet wird. (So auch auf S. 123-126); vgl. auch Gorphe, S. 48 ff., und Peters, S. 295.

[108] Über das Problem vgl. LR-Gollwitzer, § 244 Rdn. 14 am Ende über den Austausch von Beweismitteln LR-Gollwitzer, § 244 Rdn. 157, 328, 338; über die Beweissurrogate Geppert, S. 167.

[109] RG 48, 249; LR-Gollwitzer, § 244 Rdn. 10.

Quellen der Überzeugungsbildung sind also außer den vier genannten Beweismitteln auch die Beschuldigtenvernehmung, die Indizien[110] und alle Gegenstände, die als Beweismittel für die Entscheidung von Bedeutung[111] sind[112], und zwar unabhängig davon, wie darüber verhandelt wird und welche Formen der Verhandlung das Gesetz kennt[113].

4. Die Unterscheidung zwischen direktem und indirektem Beweis hat einen ambivalenten Wert, und die darauf gestützte Unterscheidung von Beweismitteln des direkten Beweises weist erhebliche Mängel auf. Denn Mittel, die zwar keine gesetzlich genannten Beweismittel sind, können gleichwohl direkten Beweis begründen, wie etwa die Beschuldigtenvernehmung und Mittel, die dem direkten Beweis angehören, aber indirekten Beweis erbringen, wie der Zeuge, die Urkunde, der Augenschein oder der Sachverständige. Insoweit ist die Verkoppelung einiger Beweismittel mit dem Begriff des direkten Beweises irreführend.

5. Andere sprechen von Ergebnissen der Beweisaufnahme als dem Beweismittel. Die Ergebnisse des Beweisverfahrens sind die (festgestellten oder auch nicht festgestellten) Tatsachen. Sie stammen aus verschiedenen Quellen bzw. Formen, die oben als die vier Formen der Beweisaufnahme vorgestellt wurden, wie z. B. die Offenkundigkeit und der Indizienbeweis, d. h. die Tatsachen, die aus anderen Tatsachen gefolgert werden.

Die Tatsachen brauchen nicht Ergebnisse des direkten Beweises zu sein. Sie können aus der ganzen Hauptverhandlung hervorkommen, vorausgesetzt, daß die Förmlichkeiten der Verhandlung beachtet wurden, d. h. zur Sprache gekommen sind.

6. Will man nun den Begriff „Beweismittel" nur für die Formen der Verhandlung der Beweisaufnahme[114] verwenden, d. h. durch Absonderung der Prozeßhandlungen und Beweisobjekte des Ermittlungsverfahrens[115], dann sollte man einen besonderen Begriff für die Beweise des Vorverfahrens aufstellen und klar machen, daß der Begriff Beweismittel nicht das ganze Verfahren[116] abdeckt[117].

---

[110] So in Frankreich Vidal / Magnol II, S. 1045; Bouzat, S. 722; für die Indizien in Italien Manzini III, S. 252, 525.

[111] So auch § 94 StPO.

[112] Ein Katalog für solche Gegenstände kann selbstverständlich nicht aufgestellt werden.

[113] Es sind sachliche Beweismittel, sagt Glaser I, S. 368 Anm. 4.

[114] Vgl. KMR § 244 Nr. 49.

[115] Gegen den Wortlaut der §§ 94, 200 StPO; wenn z. B. § 200 anordnet, daß die Anklageschrift dem Angeschuldigten die Tat und die Beweismittel anzugeben hat, dann fallen darunter alle nach den §§ 249-256 verlesbaren Urkunden und alle Augenscheinsobjekte. Schließlich ist nach § 245 die Beweisaufnahme auf alle ... sowie auf die sonstigen nach § 214 Abs. 4 vom Gericht oder der StA herbeigeschafften Beweismittel zu erstrecken.

[116] Was öfters behauptet wird, s. LR-Gössel, § 359 Rdn. 107 a m. w. N.

[117] Gegen den Wortlaut der §§ 94, 214 Abs. 4; vgl. auch die §§ 219, 221.

E. Die Erkenntnismittel des Beweisverfahrens

Die Schwierigkeiten werden damit noch nicht alle ausgeräumt. Bei dieser Lösung werden die beschlagnahmten Gegenstände und im wesentlichen die Indizien dem Augenschein zugeordnet. Übrig bleibt daneben noch die Beschuldigtenvernehmung und ein Teil der Indizien[118].

IV. Die Beweise

Alle diese Quellen, Objekte und Gegenstände pflegt man „Beweise" zu nennen. Dieser Ausdruck ist weit genug, alle Erkenntnisquellen[119] und -mittel abzudecken, und persönliche wie auch sachliche Mittel zu umfassen.

Der Ausdruck Beweise wird also als Oberbegriff verwendet und kann nicht als Gegensatzbegriff zu den Beweismitteln in der Beweisaufnahme dienen[120]. Man muß auch noch die Tatsache berücksichtigen, daß die beschlagnahmten und die anderen herbeigeschafften Gegenstände als Beweismittel in § 94 StPO benannt sind. Der Ausdruck Beweise kann schließlich nicht anstelle des Begriffs Beweismittel verwendet werden, denn er kann die Ergebnisse des direkten und indirekten Beweises inkorporieren, was nach der herrschenden Auffassung nicht zu befürworten wäre[121].

E. Die Erkenntnismittel des Beweisverfahrens

I. Die Beweismittel

Die Ansichten, nach denen zwischen Beweismitteln im engeren und weiteren Sinne und der Beweisaufnahme im engeren und weiteren Sinne zu unterscheiden ist, werfen die Frage auf, welches die weiteren Beweismittel sind, die den engeren und der Beweisaufnahme im engeren Sinne nicht zugeordnet werden können. Wie aus der oben gemachten Darstellung hervorgeht, kommen als Erkenntnismittel insgesamt folgende Objekte in Betracht:

    a) die Beweismittel der Beweisaufnahme

    b) die Beschuldigtenvernehmung

    c) die Indizien

    d) die beschlagnahmten Gegenstände.

---

[118] Diejenigen, die aus einer Prozeßhandlung der Hauptverhandlung hervorkommen, wenn sie keine Form zur Präsentation der Beweise darstellt.
[119] Vgl. Glaser, Handbuch des Strafprozesses I 1883, S. 344.
[120] Vgl. Bouzat / Pinatel II Nr. 1184.
[121] Vgl. aber Bouzat / Pinatel II Nr. 1184, wo der Begriff moyen zwar passim (Nr. 1189) verwendet wird, aber Beschuldigtenvernehmung und Indizien als Teile der modes de preuve bezeichnet sind (Modes de preuve = les preuves directes et les preuves indirectes).

Die Beweismittel der Beweisaufnahme sind eingehend in den Kommentaren behandelt; übrig bleiben daneben noch die Beschuldigtenvernehmung sowie die Indizien[1] und eventuell die beschlagnahmten Gegenstände.

II. Die Vernehmung des Beschuldigten

1. Die Vernehmung des Beschuldigten fällt nicht unter die vier, im Strengbeweisverfahren aufzunehmenden Beweismittel. Ist also die Vernehmung des Angeklagten[2] kein Mittel[3] für die Überzeugungsbildung des Richters?

Die Antwort hierauf kann nur negativ sein. Die Vernehmung des Angeklagten ist ein Erkenntnismittel, das auf die Überzeugungsbildung des Richters einwirken kann[4]. Sie ist aber kein Bestandteil der Beweisaufnahme im engeren oder förmlichen Sinne, womit aber nur bewiesen wird, daß „damit nicht gesagt ist, daß nur diese Beweismittel auf die Überzeugungsbildung des Gerichts einwirken können"[5].

2. So haben wir zu unterscheiden zwischen Erkenntnisquellen, die Beweismittel sind, und Erkenntnisquellen, die nicht als Beweismittel zu charakterisieren sind, obwohl sie zur Überzeugungsbildung des Richters beitragen können.

Wir haben weiter zu unterscheiden zwischen der Beweisaufnahme im engeren und weiteren Sinne[6], wobei beide dieselbe Wirkung bei der Überzeugungsbildung[7] des Richters[8] ausüben können.

Durch die Meinung, gemäß welcher der Beschuldigte ein wichtiges Mittel der richterlichen Überzeugungsbildung ist, den Beweismitteln und der Beweisaufnahme[9] im engeren Sinne aber nicht angehört[10], sollen Mißverständnisse vermieden

---

[1] Vgl. Glaser I, S. 742, wo er folgendes ausführt: „Bei direkten Beweismitteln verhält es sich zwar, wenn tiefer eingedrungen wird, nicht anders ...".

[2] Vgl. Krause, S. 68 ff.; LR-Gollwitzer, § 244 Rdn. 10.

[3] Anders in Frankreich, Vidal / Magnol II, S. 1045, 1067; Bouzat, S. 722; 744; Soyer, S. 234.

[4] Glaser I, S. 604, Peters, S. 339.

[5] LR-Gollwitzer, § 244 Rdn. 10; Schlüchter, Nr. 476.

[6] LR-Gollwitzer, § 244 Rdn. 10; KK-Herdegen, § 244 Rdn. 10.

[7] "Der Beschuldigte ist nicht nur Prozeßsubjekt ... sondern auch Beweismittel", sagt Roxin, § 25 I.

[8] "Der Angeklagte ist Beweismittel im materiellen Sinne", betont Paulus in KMR § 261 Nr. 19; nicht nur seine Einlassung im Rahmen seiner Vernehmung, sondern auch all seine weiteren Äußerungen, sowie sein sonstiges Gesamtverhalten in der HV, sind Gegenstand der Überzeugungsbildung. Vgl. Henkel, S. 172; LR-Gollwitzer, § 244 Rdn. 11.

[9] Vgl. Eb. Schmidt, Vorbem. 8 zu § 244.

[10] Manzini, S. 532, 535, meint, daß die confessione als Indiz betrachtet werden soll, während das ital. höchste Gericht sie als Erkenntnismittel charakterisiert, Cass. 10 Aprile 1968 in Giustizia Penale 1969 III 60. Die Beschuldigtenvernehmung ist also nach Manzini Beweismittel nicht als solches, sondern als Indiz. Vgl. Glaser I, S. 600.

E. Die Erkenntnismittel des Beweisverfahrens

werden und die Tatsache erklärt werden, daß das Urteil auf Quellen[11] gestützt werden kann, die keine eigentlichen Beweismittel[12] sind[13].

III. Indizien

1. Die Überzeugung des Gerichts kann auch durch einen Indizienbeweis begründet werden, d. h. auf Grund von Tatsachen, die einen Schluß auf die unmittelbar erhebliche Tatsache zulassen[14]. Die Indizien[15] werden nicht als Beweismittel bezeichnet. Der indirekte Beweis kennt keine Regelung. Insoweit bleibt offen, wie der Beweisgang des indirekten Beweises ablaufen muß. Alle bisherigen Grundlagen einschlägiger Erörterungen beziehen sich auf den Gedanken, daß alle Beweismittel der Beweisaufnahme entstammen. Wir haben gesehen, daß diese Meinung nicht alle Fälle des Indizienbeweises erklären kann[16].

Diese Seite des Indizienbeweises ist bislang nicht hinreichend diskutiert worden[17]. Eingehend erforscht ist nur die Beweiskraft des Indizienbeweises und die Aufstellung von Regeln und Prinzipien für deren Benutzung[18].

Das Scheitern eines Alibibeweises darf für sich allein noch nicht als Indiz für eine Täterschaft[19] des Angeklagten[20] gewertet werden[21]. Dagegen ist es möglich, daß zahlreiche Indizien, von denen jedes einzelne zum Beweis der Täterschaft nicht ausreicht, in ihrer Gesamtheit dem Richter die Überzeugung von der Schuld des Angeklagten vermitteln können[22].

---

[11] Die griechStPO in Art. 178 erwähnt die Beschuldigtenvernehmung als eine der hauptsächlichsten Beweismittel, Dedes, § 62 IV.

[12] Denn die Beschuldigtenvernehmung kann nicht als Zeugenaussage charakterisiert werden.

[13] Die Parteienvernehmung ist ein Beweismittel im Zivilprozeß, Grunsky, S. 444.

[14] Roxin, § 15 C 11; vgl. KMR § 244 Nr. 47, § 261 Nr. 28.

[15] Über die Bedeutung des Indizienbeweises: Vgl. Vidal / Magnol, S. 1040 ff., 1045, 1080; Rittler, SchwZStR 43, S. 173; und Gorphe, S. 247 ff.

[16] Oben D II und III.

[17] Im Zivilprozeßrecht werden unter den Indizien Erkenntnismittel genannt, die nicht den Arten der üblichen Beweismittel entsprechen: Vgl. Gianturco, La prova indiziaria 1958, S. 13. Sie werden als Beweismittel innominati ed anomali genannt. Auch Gorphe, S. 247 ff.

[18] Gianturco, S. 31 ff., 136 ff.; Manzini, S. 517 ff.; Rittler (Fn. 15), S. 181 ff.; Glaser I, S. 738.

[19] Roxin, § 15 C II, BGH Str. V 1982, 158; Manzini, S. 527.

[20] Dies bedeutet nicht, daß jedes einzelne Indiz nicht ausreichend sein kann, Gianturco, S. 135 ff.; Manzini, S. 525, 526 Anm. 3, wegen der Geltung des Prinzips del libero convincimento.

[21] Sie kommen aus jedem Beweismittel und jeder Prozeßhandlung heraus, ohne ihre eigene Figur als Indiz zu verlieren: so über das Alibi, Manzini, S. 529.

[22] Roxin, a. a. O., BGH, NStZ 1983, 133; vgl. auch KMR § 261 Nr. 28; Glaser I, S. 741 ff.

2. Die Indizien können durch jede Prozeßhandlung, wie eine Prozeßhandlung innerhalb der Hauptverhandlung[23] oder durch ein anderes Beweismittel begründet werden. Die Art und Weise ihrer Einführung im Prozeß ändert nichts an deren Qualität[24] und Figur[25], genausowenig an deren Bestätigung.

3. Unter den beweisbedürftigen Tatsachen kann man unmittelbar erhebliche Tatsachen, Indizien und Hilfstatsachen des Beweises unterscheiden[26]. Die Blutflecken in der Kleidung sind Indizien, wenn sie dem Blut des vermutlichen Täters oder des Opfers angehören. Dieses Indiz ist schon bekannt. Es ist aus der Verhandlung oder der Untersuchung hervorgegangen. Man benötigt eine Bestätigung, die den Bestand und die Bedeutung des Indizes, nicht aber den Wahrheitsgehalt seiner Existenz betrifft.

Diese Erkenntnisse sind Erkenntnisobjekte oder „pièces a conviction"[27] und können zur Überzeugungsbildung beitragen, wenn sie ordnungsgemäß dem Gericht zur Kenntnis gebracht worden sind, wie etwa durch ein Beschlagnahmeprotokoll[28]. Genauso bestimmt § 94 StPO, daß Gegenstände, die als Beweismittel für die Untersuchung von Bedeutung sein können, in Verwahrung zu nehmen oder in anderer Weise sicherzustellen sind.

Die Lehre verlangt als Voraussetzung des Indizienbeweises das Außerzweifelstehen der Tatsache, die als Indiz benutzt werden soll[29]. Das Indiz muß einen sicheren Bestand haben, als sicher gelten, gesichert sein[30]. Wenn dies nicht der Fall ist, muß das Indiz durch andere Erkenntnismittel gesichert werden[31]. Das Verfahren zur Feststellung des Bestandes der Indizien ersetzt deren Figur nicht. Erkenntnisquelle ist und bleibt das Indiz und nicht der Zeuge wie etwa der Polizeibeamte oder der Sachverständige, die über die Herkunft, die Beschaffenheit oder die Eigenschaften des Indizes aussagen. Genauso bleibt Erkenntnisquelle das Indiz und nicht die Prozeßhandlung, die das Indiz in die Hauptverhandlung einführt[32] oder begleitet[33] oder präsentiert.

---

[23] Wie z. B. die Erscheinung oder das Erscheinungsbild einer Partei usw.; vgl. KMR § 261 Nr. 19. Dies gilt etwas eingeschränkt auch für Deutschland.

[24] Manzini, S. 530.

[25] Nach Henkel, S. 267. Indiz kann jeder, einen Verdacht begründende Umstand sein; die Indiztatsache kann sich aus einer Augenscheineinnahme, einer Zeugenaussage oder auf *sonstige Weise* ergeben.

[26] Roxin, § 24 C I; vgl. Henkel, S. 266.

[27] Bouzat, S. 748, Art. 341 CPP.

[28] Bouzat, S. 747, 785, 752. Während der Hauptverhandlung werden les pièces à conviction den Parteien und Zeugen vorgestellt: Bouzat, S. 830, 852.

[29] Manzini, S. 524 und Cass. 4 Aprile 1968 Giustizia Penale 1969 III, S. 59.

[30] La certezza della circonstanza indiziante.

[31] Genauso wie es mit den übrigen Tatsachen geschieht: Glaser I, S. 742, 746; vgl. Grünwald, FS Honig, S. 59.

[32] Manzini, S. 525.

Die Indizien werden sehr oft aus einer Zeugenaussage[34] usw. folgen und dadurch unter die vier wiederholt genannten Beweismittel eingeordnet werden können. Ob und wann dies zutrifft, ist eine besondere Frage. Die Bestätigung der Indizien, dies gilt auch für jedes andere Beweismittel, kann sehr oft aus der Verbindung und den Beziehungen von mehreren Erkenntnisquellen folgen. Der Syllogismus bildet dann etwas anderes als die Basistatsache.

Indizien können auch aus einer Prozeßhandlung stammen[35]. In diesem Fall kann man sie nicht den vier Beweismitteln zuordnen. Die Verlesung des Protokolls[36] stellt kein Beweismittel dar[37]. Demnach bilden sie selbständige Beweismittel. Als selbständige Indizien werden auch diejenigen Indizien erachtet, die vom Richter selbst z. B. durch Autopsie[38] gesammelt wurden[39].

Andere selbständige Indizien stammen aus dem Ergebnis der Verhandlung, d. h. aus der Zusammensetzung verschiedener Mittel und dem sich daraus ergebenden Eindruck des Richters[40], der aus der ganzen Hauptverhandlung und nicht nur der Beweisaufnahme folgen kann.

4. In den Urteilsgründen müssen die für erwiesen erachteten Tatsachen, in denen die gesetzlichen Merkmale der strafbaren Handlung gesehen werden, angegeben werden.

Im Falle des Indizienbeweises ist die Angabe der Tatsachen, die nicht den gesetzlichen Tatbestand kennzeichnen, sondern nur einen Schluß auf das Vorliegen solcher den Tatbestand erfüllenden Tatsachen zulassen, erforderlich[41]. Daraus folgert Peters die richtige Ansicht, daß die vom Gericht verwendeten und gewürdigten Beweismittel auch im Urteil angegeben werden müssen. Die Problematik liegt ähnlich wie hinsichtlich der Verpflichtung zur Darstellung von Indizien und Hilfstatsachen, führt Peters fort[42]. Das Sitzungsprotokoll allein reicht nicht aus. In den Urteilsgründen ist anzugeben, wie die Beweismittel verwertet worden

---

[33] Hier wird wieder zwischen Beweisobjekt, -mittel und Formalitäten der Diskussion, der Verhandlung unterschieden. Die Indizien müssen der Verhandlung offengelegt werden wie jedes Beweismaterial. Dies geschieht durch die Expertise, den Augenschein, die Verlesung der Urkunden, die Aussage des Polizisten. Und es taucht wieder die Frage auf, ob das Beweismittel das Objekt oder die Form der Präsentation in der Hauptverhandlung ist.
[34] Insbesondere in Deutschland wegen der Geltung des § 250 StPO; vgl. oben, D III.
[35] Oben Nr. 2: Es mag anders nur in Deutschland sein.
[36] Wenn es sich um Prozeßhandlungen des Ermittlungsverfahrens handelt.
[37] Schafft der Austausch des Beweisobjektes mit der Verlesung des Protokolls ein Beweismittel, die Urkunde des Protokolls? Vgl. für ähnliche Vertauschungen, Roxin, § 28 C.
[38] Gorphe, S. 157, 166 ff.
[39] Die richterliche Augenscheineinnahme.
[40] Bouzat / Pinatel II, Nr. 1230; vgl. KMR § 261 Nr. 19.
[41] Peters, Lehrbuch, S. 475, § 267 StPO.
[42] Peters, S. 476.

sind, welche entscheidenden Einzelheiten aus welchen Beweismitteln hergeleitet und wie die einzelnen Beweismittel zueinander in Verbindung[43] gesetzt worden sind[44].

Die Indizien sind also Erkenntnismittel für die Überzeugung. Sie müssen auch derselben Behandlung wie die Beweismittel unterstellt werden, weil sie dieselbe Funktion ausüben. Die Frage, ob sie als Beweismittel betrachtet werden sollen, bleibt unbeantwortet.

5. Die Indizien, aber auch die indizierende Tatsache, welche als Basis des nachfolgenden Syllogismus verwendet wird[45], bilden ein Mittel des Beweises, eine Quelle, die zur Überzeugungsbildung führt, d. h. sie werden als Beweismittel benutzt[46] und haben die Beweiskraft eines Beweismittels. Woher sie stammen, ob aus direktem oder indirektem Beweis und welche Prozeßhandlung für ihre Bestätigung erforderlich ist, ändert an der Funktionsfähigkeit als Beweismittel, als Mittel zur Überzeugungsbildung, nichts.

Die Beweismittelqualität der Indizien findet sich in der Eignung[47] des Objektes oder der indizierenden Tatsache, eine rechtserhebliche Tatsache zu beweisen[48], und zwar als Basis des Syllogismus[49], der dahin führt[50]. Indiz kann jedes Objekt oder jede Tatsache sein, die eine positive oder negative Bedingung im Überzeugungsbildungsprozeß darstellt[51].

6. Die Frage nach der Rolle der Indizien im Beweisverfahren kann wie folgt beantwortet werden:

Die Indizien sind Mittel, die zur Überzeugungsbildung beitragen können, obwohl man sie, trotz des § 94 StPO, als Beweismittel nicht direkt benennt[52]. Sie haben eine Beweiskraft, die den übrigen Beweismitteln gleicht[53]. Der indirekte

---

[43] Der Indizienbeweis kann nur dann zur Feststellung der Straftat ausreichen, wenn die gezogenen Schlüsse kriminalistisch tragfähig sind, Peters, S. 295.

[44] Über die Schilderung der Indizien KMR § 267 Nr. 41.

[45] Die als Prämissen für Schlußfolgerungen dienenden Indizien müssen jeweils zweifelsfrei feststehen und eine lückenlose Beweiskette bilden. KMR § 261 Nr. 28.

[46] Dedes, Strafverfahrensrecht, § 67.

[47] Glaser I, S. 745 ff.

[48] Vgl. Henkel, S. 267, wonach eine Verurteilung auch ausschließlich auf Indizienbeweis gestützt werden kann.

[49] Deshalb ist zwischen Indizien der StPO und Indizien der ZPO zu unterscheiden.

[50] Vgl. Soyer, S. 240: Er meint, daß die Indizien „sont des faits qui établissent plutôt une probabilité qu'une preuve véritable".

[51] Vgl. Glaser I, S. 746.

[52] So aber in Frankreich Vidal / Magnol II, S. 1045; Bouzat, S. 722; Soyer, S. 240; in Griechenland nach Art. 178 der griechStPO Dedes, Strafverfahrensrecht, 6. Aufl. 1983, S. 275; in Italien Manzini III, S. 252, 516 ff. Insbesondere wegen der Geltung der ethischen Beweise, Manzini III, S. 523.

[53] Gianturco, S. 136; Manzini, S. 526; Roeder, § 25, betont, daß heute beide Beweisarten einander völlig gleichwertig gegenüberstehen.

Beweis ist ein Beweisverfahren, das wegen der Geltung der freien[54] Beweiswürdigung[55] zur Überzeugungsbildung führen kann, und zwar insbesondere dann, wenn die übrigen Mittel dazu nicht ausreichen[56] oder erst in Verbindung mit diesen[57]. Die Voraussetzungen für deren Beweiskraft sind vom Gesetz her nicht differenziert, können aber höher als die entsprechenden Voraussetzungen bei den übrigen Beweismitteln sein[58].

IV. Die beschlagnahmten Gegenstände

Die beschlagnahmten Gegenstände stellen im Laufe des Vorverfahrens[59] und bis zu ihrer Einführung in die Beweisaufnahme eine selbständige Kategorie dar.

Sie werden in der Hauptverhandlung als selbständige Beweise eingeführt[60], insbesondere, wenn sie herbeigeschaffte Gegenstände sind[61]. Sie erreichen die Hauptverhandlung als selbständige Beweisobjekte, die in den §§ 94, 200, 214 Abs. 4 und 245 StPO als Beweismittel bezeichnet werden[61a]. Deren Behandlung kann je nach dem konkreten Fall verschieden sein. Sie kann in der Form einer Augenscheinsnahme, einer Expertise[62] oder der Verlesung einer Urkunde stattfinden.

Nach ihrer Einführung werden sie als Expertisen- oder Augenscheinsobjekte oder Urkunden behandelt. Sie werden sehr häufig den Indizien zugeordnet, weil sie die Basis eines Indizienbeweises darstellen. Sie bilden also als Beweise, als Erkenntnisquellen eine eigene Sonderkategorie[63], die nach der Beweisaufnahme und entsprechend der Form ihrer Einführung in die Kategorien der Expertisen-

---

[54] Gianturco, S. 20 ff.; Manzini, S. 526.

[55] Gianturco geht viel weiter und meint, daß die Unterscheidung zwischen Indizien und Beweis nicht zu rechtfertigen ist, S. 163, weil deren Beweiskraft vom Gesetz her keine mindere ist, S. 170; so auch Manzini, S. 526 Anm. 2. Es ist aber genau umgekehrt: Das Gesetz nennt Beweismittel und Indizien nebeneinander, insbesondere während der Untersuchung, S. 171. In der Hauptverhandlung können sie zur vollen Überzeugungsbildung führen, S. 172. Man soll sich auch vergewissern, daß der sog. direkte Beweis oft mit mehreren Zweifeln behaftet ist: So bei Vidal / Magnol II, S. 1041. Insoweit entspricht die Beweiskraft der Indizien den Beweismitteln, S. 173, und sie können als Basis der Überzeugung des Richters benutzt werden, S. 181.

[56] Dies ist aber nicht als Voraussetzung für deren Benutzung anzusehen, Gianturco, S. 133 ff.

[57] Glaser I, S. 743 ff.

[58] Gianturco, S. 148; vgl. Henkel, S. 267.

[59] Ob man Beweismittel des Ermittlungsverfahrens und der Hauptverhandlung unterscheiden soll, ist eine andere Frage.

[60] Vgl. Soyer, S. 238 ff.

[61] Wenn sie in die Akten eingeordnet sind, so § 214; vgl. KMR § 214 Nr. 21-26.

[61a] Vgl. LR-Gollwitzer, § 244 Rn. 14 sowie § 245 Rn. 22.

[62] Vgl. Robert, S. 25 ff.

[63] Vgl. Soyer, S. 238 und 240.

oder Augenscheinsobjekte oder Urkunden übergehen[64] oder entsprechend deren Beweisergebnis als Indizien[65] betrachtet werden[66].

F. Sachverhaltsermittlung und Beweisverfahren

I. Sachverhaltsermittlung und Erkenntnisquellen

1. Die Sachverhaltsermittlung erfolgt an Hand von Erkenntnisquellen. Sie sind persönlicher oder sachlicher Natur[1] (dies ist jedoch eine rein formale Unterscheidung)[2]. Jedes Objekt[3], das eine relevante rechtserhebliche Tatsache beinhalten kann, wird als Erkenntnismittel bezeichnet und ist ein Beweisobjekt, das als Beweis verwendet werden kann. Alle Objekte, Gegenstände und Spuren irgendeiner Art müssen während der Untersuchung gesammelt werden. Die Sammlung geschieht im Rahmen von Untersuchungshandlungen während des Ermittlungsverfahrens.

2. In der Hauptverhandlung müssen alle während der Untersuchung gesammelten Gegenstände dem Gericht zur Kenntnis gebracht und in die Verhandlung eingeführt werden. Alle diese Objekte werden als Beweise im weitesten Sinne bezeichnet. Erkenntnisquellen oder Beweise sind also Zeugen, Sachverständige, die Parteien, Urkunden und andere Gegenstände oder Objekte, die während der Untersuchung gesammelt worden sind und dem Gericht vorgebracht worden sind. Während der Hauptverhandlung können auch neue Beweise gesammelt werden.

Das Beweisverfahren in der Hauptverhandlung hat alle diese Objekte, also Beweisobjekte, in die Verhandlung einzubringen.

II. Erkenntnisquellen und Beweismittel

1. Ob man nun alle Erkenntnisquellen, die Beweisobjekte oder Beweismaterial eines Beweisverfahrens sind, als Beweismittel bezeichnet[4] oder verschiedene Differenzierungen vornimmt, ist eine Frage. Eines ist sicher: Jede Erkenntnis-

---

[64] Nicht selten auch beides.
[65] Und genauso geschieht es mit allen sachlichen Beweismitteln.
[66] Die Einteilung der sachlichen Beweismittel sollte von Anfang an geprüft werden; vgl. Robert, S. 25 ff.
[1] Peters, S. 295, „obwohl sie keine scharfe Trennung darstellt".
[2] Die Offenkundigkeit einer Tatsache stellt eine eigene Kategorie dar: Krause, S. 37 ff.; vgl. Roxin, § 24 C II; Dedes, § 60 VI; LR-Gollwitzer, § 251 Rdn. 25.
[3] Person oder Sache.
[4] Siehe z. B. Roeder, Lehrb. des österr. Strafverfahrensrechts 1963, § 27.

quelle ist ein selbständiges Beweisobjekt, und der Richter muß darüber verhandeln, wenn er seine Überzeugung darauf stützen will.

Die Objekte liegen schon vor und sind Beweise. Deren Behandlung ist hier noch nicht behandelt worden. Sie wird später noch bestimmt und durchgeführt. Die entsprechende Prozeßhandlung kann Urkundenverlesung, Expertise oder Augenschein sein.

2. Nun stellt sich die Frage, welches das Beweiselement, das Beweisobjekt bis zur Durchführung der Prozeßhandlung ist. Das Beweismaterial ist das Objekt selbst[5]. Die nachfolgende Prozeßhandlung ändert an dem Beweisobjekt, der Erkenntnisquelle nichts. Erkenntnisquelle ist das Objekt und nicht die Prozeßhandlung oder die Form ihrer Einführung in die Verhandlung[6].

3. Ein Beweisantrag kann dahin gehen, das Objekt sicherzustellen und es dem Gericht vorzulegen. Die Objekte sind im Gesetz nicht gesondert erwähnt, sondern nur als Beweise oder sogar als Beweismittel pauschal benannt. Der Beweisantrag ist dementsprechend auch dann zulässig, wenn das Objekt nicht als konkretes Beweismittel bezeichnet wird[7].

III. Erkenntnisquellen und Verhandlung

1. Die Zulässigkeit und Zuverlässigkeit des Beweisobjektes stellt eine gesonderte Frage dar. Ein wiederum anderes Problem ist die Art und Weise der Einführung und der darin enthaltenen Prozeßhandlungen, die das Beweisverfahren konstituieren und ausmachen. Wie der Richter im Beweisverfahren in der Hauptverhandlung voranschreiten soll, muß er selbst bestimmen. Die Beweise, die Beweisobjekte, müssen prinzipiell gesammelt, eingeführt und verwertet werden.

2. Die Einführung nimmt folgende Formen ein, die auch von der entsprechenden Prozeßhandlung abhängen: Zeugen-, Sachverständigen-, Beschuldigtenvernehmung, Urkunden- oder Gutachtenverlesung, Augenscheinnahme von Personen oder Objekten. Als Beweismittel bzw. -inhalte für die Würdigung und die Überzeugungsbildung kommen die Aussagen, die Verlesung der Urkunden, die Einsichtnahme von Personen oder Objekten und die Indizien in Betracht.

---

[5] Beweismittel ist also das Objekt und nicht die Prozeßhandlung, die sehr oft im voraus nicht bekannt ist. Die Gegenstände können als Urkunde, als Augenscheins- oder Expertiseobjekt behandelt werden (Robert, S. 27). Eine gemischte Verhandlung wie auch eine Änderung der Prozeßhandlung ist nicht ausgeschlossen.

[6] Wären diese Gegenstände keine Beweismittel, sondern bloße Augenscheinsobjekte, dann würde die Gefahr bestehen, daß sie nicht berücksichtigt werden, denn der Augenscheinsantrag obliegt dem pflichtgemäßen Ermessen des Richters (§ 244 Abs. 5).

[7] Vgl. LR-Gollwitzer, § 244 Rdn. 107.

Sollte die Auffassung richtig sein, wonach die Form der Einführung in die Hauptverhandlung den Beweismittelcharakter bestimmt, dann gäbe es nur zwei Beweismittel. Die Unterscheidung von vier Beweismitteln ist aber eine rein formale; in eine so durchgeführte Unterscheidung würde auch der Indizienbeweis hineinpassen. Die Aussagekraft der Gegenstände und der Indizien muß besonders gewürdigt werden, weil damit spezielle Probleme verbunden sind. Dies bedeutet jedoch nicht, daß sie keine Mittel der Beweiswürdigung und Überzeugungsbildung sind[8]. Wenn man sie nicht als Beweismittel betrachten möchte, dann muß auch ein Grund dafür angegeben werden.

Wenn die Beschuldigtenvernehmung ein Beweismittel darstellt, das zur Überzeugungsbildung beitragen kann, dann muß dies auch für Indizien gelten, weil auch sie zur Überzeugungsbildung beitragen können. Die Möglichkeit von überzeugender Kraft einer Tatsache oder eines Gegenstandes ist das Kriterium der Tauglichkeit des Beweismittels[9].

IV. Sachverhaltsermittlung und Beweisaufnahme

1. Die Sachverhaltsermittlung wird als Beweisverfahren bezeichnet, in dem die Tatsachenfeststellung mittels der verschiedenen Erkenntnisquellen erfolgt.

Daneben wird auch der Ausdruck „Beweisaufnahme"[10] verwendet, von anderen wiederum der Ausdruck „Beweisführung"[11]. Alle werden als Weg zur Tatsachenfeststellung bezeichnet[12].

Damit wird der Eindruck erweckt, daß die Beweisaufnahme die ganze Sachverhaltsermittlung abdeckt. Diese Ansicht wird aber von den meisten Autoren nicht geteilt. Sie behaupten, daß der Begriff der Beweisaufnahme nur die Einführung der vier Beweismittel in die Verhandlung abdeckt[13]. Damit wird zumindest stillschweigend eine Differenzierung des Beweismaterials der verschiedenen Abschnitte oder Stadien des Verfahrens vorgenommen[14].

Eine Unterscheidung zwischen Beweismitteln des Verfahrens bzw. des Ermittlungsverfahrens und Beweismitteln der Hauptverhandlung[15] wäre nicht angemessen, denn der Begriff besitzt eine allgemeine Bedeutung, die sich auf das gesamte Verfahren bezieht.

---

[8] Beweisen heißt, dem Richter die Überzeugung vom Vorliegen einer Tatsache verschaffen, Roxin, § 24 A.

[9] Vgl. Glaser I, S. 604.

[10] So z. B. § 261 StPO.

[11] Peters, S. 286.

[12] Peters, S. 286.

[13] Es ist aber zu betonen, daß ein Beweisantrag bis zur Verkündung des Urteils gestellt werden kann, d. h. auch nach den Schlußvorträgen: vgl. dazu Eb. Schmidt, Vorbem. 16 zu § 244.

[14] Vgl. Krause, S. 72.

F. Sachverhaltsermittlung und Beweisverfahren

Gesetzliche Bestimmungen, die die Hauptverhandlung regeln, verweisen auf die Beweisobjekte allgemein, das Beweismaterial insgesamt, die Beweismittel der §§ 94, 200, 214 StPO. So ist es die Pflicht des Richters, alle Beweismittel zu erforschen, also gem. § 244 Abs. 2 die Beweisaufnahme auf das ganze Material und alle Objekte zu erstrecken. Sonst würde die Gefahr bestehen, daß bedeutende Objekte nicht gesammelt werden, weil die Augenscheineinnahme im pflichtgemäßen Ermessen des Richters steht.

2. Wenn der Begriff der Beweisaufnahme [16] nicht die ganze Sachverhaltsermittlung abdeckt [17], braucht man daneben einen zweiten oder vielleicht einen dritten Abschnitt, der das übrige Sachverhaltsermittlungsverfahren abdeckt; denn Tatsachenfeststellung ohne Beweisverfahren ist systemwidrig [18].

Zwei Wege sind also möglich: Die Beweisaufnahme deckt die ganze Sachverhaltsermittlung ab oder im Beweisverfahren haben wir mehrere Beweisabschnitte [19], in denen der Sachverhalt festgestellt wird und die gleich äquivalent sind und zur Überzeugungsbildung führen [20].

3. Die Ergebnisse der Sachverhaltsermittlung stammen aus verschiedenen Quellen wie dem sog. „direkten" Beweis, aber auch dem „indirekten" Beweis und der Offenkundigkeit [21]. Alle diese Wege und Formen führen zur Feststellung von rechtserheblichen Tatsachen, die für die Überzeugungsbildung nötig sind. Wird die Überzeugungsbildung als Ziel des Beweisverfahrens charakterisiert und heißt „beweisen", dem Richter die Überzeugung vom Vorliegen bestimmter Tatsachen zu verschaffen, dann sind Formen oder Quellen oder Beweismittel alle oben erwähnten Fälle, die zur Tatsachenfeststellung führen.

V. Ergebnis

1. Das System der freien Beweiswürdigung oder — besser gesagt — der ethischen Beweise führt zur freien Beweisführung [22] und -würdigung.

---

[15] Oder sogar zwischen Abschnitten der Hauptverhandlung.
[16] Sie ist aber der Mittelpunkt der Hauptverhandlung, Glaser I, S. 354.
[17] Eine Ansicht, die an sich gegen den Wortlaut des § 261 verstößt: vgl. Krause, S. 72.
[18] Als Ausnahme werden die offenkundigen Tatsachen erwähnt, für die keine Beweiserhebung erforderlich ist.
[19] Diese Ansicht wäre theoretisch richtiger, denn sie führt zu den nötigen Unterscheidungen oder Differenzierungen zwischen den verschiedenen Beweisformen und Beweiswegen. Man kann aber diese Abschnitte nicht als scharf getrennte und selbständige Teile des Beweisverfahrens betrachten.
[20] Verwendbar sind nicht nur die durch den Gebrauch der förmlichen Beweismittel in der HV gewonnenen Erkenntnisse. Vgl. LR-Gollwitzer, § 261 Rdn. 15, 16.
[21] Eine offenkundige Tatsache braucht nicht bewiesen zu werden, im Zweifel kann sie es aber. In beiden Fällen stehen wir vor einer festgestellten Tatsache. Die Offenkundigkeit ersetzt die Verhandlung über die Tatsache, nicht den Beweisgang: vgl. LR-Gollwitzer, § 261 Rdn. 25.

Es ist deshalb nicht notwendig, die Mittel der Überzeugungsbildung aufzuzählen. Deswegen stellen die meisten Strafprozeßordnungen im Gegensatz zu Zivilprozeßordnungen[23] keinen Katalog der Beweismittel auf, bei denen ein gemischtes Beweissystem gilt und die Beweismittel enumeriert sind.

Darüber hinaus wird sehr oft ausdrücklich betont, daß der Richter alle Beweise benutzen kann[24], und zwar ohne Angabe der Beweismittel[25]. Das Aufstellen von Regeln, die die bekanntesten Beweismittel normieren, bedeutet keineswegs, daß nur diese Beweismittel[26] zulässig sind[27].

2. In anderen Fällen, wo ein Katalog der Beweismittel aufgestellt ist, wird ausdrücklich betont, daß dieser nur die bedeutendsten[28] Beweismittel[29] erwähnt[30].

Eine Bestimmung, nach der der Richter sämtliche Beweisarten benutzen kann, stellt die konsequente Durchführung des Systems der ethischen Beweise dar[31]. Dies bedeutet wiederum nicht, daß die Beweisführung und -aufnahme ohne Förmlichkeiten vorzugehen haben; im Gegenteil: sie sind dringend nötig und unersetzbar[32].

3. Das Beweisrecht soll deswegen alle Erkenntnismittel, die zur Überzeugungsbildung beitragen können, umfassen. Darunter fallen alle Gegenstände, die für die Entscheidung von Bedeutung sein können[33].

4. Will man nun den Begriff Beweismittelkategorien (-arten, -formen) nicht verwenden und statt dessen den Begriff Beweismittel vorziehen[34], dann sollte

---

[22] Was dies bedeutet, wird unten bei Nr. 4 näher erläutert.

[23] Foregger / Serini, Österr. StPO 1987, Erläuterungen zum § 258: „Da die StPO im Gegensatz zur ZPO die Beweismittel als solche nicht aufzählt, muß alles als Beweismittel gelten, was nach logischen Grundsätzen Beweis zu erbringen, d. h. die Wahrheit zu ergründen, geeignet ist". So auch Roeder, S. 140 ff.; vgl. Bouzat / Pinatel, Traité II 1970, Nr. 1184; Glaser I, S. 351 ff.; Quintano-Ripollés, ZStW 72, S. 619 ff. numerus apertus für Spanien.

[24] So Art. 427 des Code de procedure pénale, wonach „... les infractions peuvent être etablies par tout mode de preuve et le juge décide d'après son intime conviction".

[25] Wenn keine ausdrückliche Einschränkung vorgesehen ist.

[26] So z. B. in Frankreich, Italien, Österreich, Griechenland, Spanien.

[27] Man könnte von sechs Kategorien (Formen, Arten) der Beweismittel sprechen, den Zeugen, Sachverständigen, Urkunden, Augenschein, Beschuldigtenvernehmung und Indizien; die letzte Kategorie, die Indizien, bedürfen allerdings weiterer Vertiefung und Bearbeitung.

[28] So z. B. Art. 178 griechStPO; vgl. auch Roeder, S. 140 ff.

[29] Dieser Katalog, obwohl keineswegs erschöpfend, erwähnt Indizien und Beschuldigtenvernehmung ausdrücklich als Beweismittel.

[30] Vgl. Roeder, S. 140, der ausdrücklich betont, daß es sich hier um keinen erschöpfenden Katalog handelt. Vgl. Quintano-Rippollés, S. 632 ff.

[31] So z. B. Art. 427 des Code de procedure pénale; Manzini, S. 244; Art. 179 der griechStPO.

[32] Bouzat, S. 723; Bouzat / Pinatel II, Nr. 1185.

[33] Also § 94 StPO.

[34] Vgl. Roxin, § 24 B.

F. Sachverhaltsermittlung und Beweisverfahren

man gleichzeitig die Beschuldigtenvernehmung und die Indizien dazuzählen. Denn die Wege[35] der Überzeugungsbildung inkorporieren auch diese Mittel. Man kann aber auch den Begriff Beweismittel ignorieren und von Beweisarten oder -formen sprechen[36].

Die Beweiswege (-gänge, -formen, -mittel) müssen — unabhängig davon, wie man sie nennen will und welche weitere Unterscheidungen, Einteilungen und Eingruppierungen vorgezogen werden — alle möglichen Erkenntnisquellen umfassen, deren Einführung in der Hauptverhandlung gesetzlich geregelt und deren Aufnahme in diesem Sinne eingeschränkt ist.

5. Freiheit der Beweisführung bedeutet Freiheit der Einführung aller Erkenntnisquellen[37], das Abschaffen der Beweismitteleinschränkungen. Sie bedeutet keine Freiheit hinsichtlich der Sammlung der Erkenntnisquellen, mindestens der wichtigsten, denn der Richter hat die Pflicht, den Fall vollständig zu klären. Die Aufklärungspflicht des Richters wird daher nicht berührt. Sie beinhaltet auch keine Freiheit über die Behandlung der Erkenntnisquellen. Die Erkenntnisquellen müssen in der Diskussion offengelegt, um verwendet werden zu können.

6. Die Aufklärungspflicht des Richters schließt nicht jegliche Beweiswürdigung im Laufe der Beweisaufnahme aus. Denn der Richter hat über manche Fragen zu entscheiden, die eine Würdigung voraussetzen oder nicht ausschließen.

7. Weder die Beweisaufnahme ist im vollen Umfang an gewisse feste Regeln gebunden, noch ist — im umgekehrten Fall — die abschließende Beweiswürdigung von Regelungen vollkommen unabhängig. Beides gilt jedoch nur für den Regelfall, von dem es einige Ausnahmen gibt, in denen etwas anderes bestimmt wird.

---

[35] Von Beweisgang spricht Gössel, § 22 A III.
[36] So jetzt Bouzat / Pinatel II, Nr. 1184.
[37] Die Erkenntnisquellen sind nicht eingeschränkt im Gegensatz zu den Formen ihrer Präsentation. Es gibt einen erschöpfenden Katalog der Formen der Beweisaufnahme, aber keinen erschöpfenden Katalog der Beweisobjekte (-mittel).

Teil 2

Über den Beweismittelbegriff und den Indizienbeweis

G. Der Beweismittelbegriff

I. Einführung

Der Beweismittelbegriff setzt sich aus zwei Komponenten zusammen: dem Begriff „Beweis" und dem Begriff „Mittel". Beide Begriffe haben sowohl im alltäglichen wie auch im juristischen Sprachgebrauch mehrere Bedeutungen[1]. Man muß deswegen von Anfang an klarstellen, von welchem Standpunkt aus der Begriff definiert wird, sonst ist eine Verständigung nicht möglich[2].

Darauf, was Beweis im gewöhnlichen Sprachgebrauch bedeutet, wird nicht eingegangen, obwohl dies für die Erläuterung einiger juristischer Probleme nicht ganz uninteressant ist[3].

II. Der Beweisbegriff

1. Der Beweisbegriff im Prozeßrecht hat mindestens drei Bedeutungen (-inhalte)[4].

   a) Er bedeutet erstens das (Beweis-)verfahren, d. h. alle Prozeßhandlungen, die das sog. Beweisverfahren ausmachen[5].

   b) Er bedeutet zweitens den konkreten Akt, das konkrete Mittel des einzelnen Beweisaktes.

   c) Er bedeutet drittens das Ergebnis der Beweisführung[6] oder das Resultat der gerichtlichen Tätigkeit bzw. der Überzeugungsbildung[7].

---

[1] Peters, § 37; Roxin, § 24.

[2] KMR § 244 Nr. 49 ff. und Gössel, § 22, versuchen diese Frage zu klären.

[3] Wegen der Wechselwirkung: dazu Dedes, Urkundendelikte 1977, S. 56 ff.

[4] Vgl. Chr. Dedes, Strafverfahrensrecht, 6. Aufl. 1983, S. 261; Paulus KMR § 244 Nr. 49 ff., wo er von dreifachem Inhalt und von drei Funktionen des Beweismittelbegriffs spricht; Glaser, Handbuch des Strafprozesses I 1983, S. 345.

[5] Henkel, Strafverfahrensrecht, 2. Aufl. 1968, S. 262.

[6] Henkel, ebenda.

[7] KMR Paulus § 244 N. 49. Er weist auf den Satz: „Die für erwiesen erachteten Tatsachen", § 267 I 1, und den Satz „Soweit der Beweis aus anderen Tatsachen gefolgert wird", § 267 II, hin.

G. Der Beweismittelbegriff

2. Darüber hinaus muß man sich immer vor Augen halten, daß es hier eine Unterscheidung zwischen Beweis im engeren und weiteren Sinne gibt[8].

Die Beweistätigkeit zieht sich durch das gesamte Strafverfahren. Sie bildet den Beweis im weiteren Sinne, der die gesamte Tätigkeit der zur Mitwirkung an der Wahrheitserforschung berufenen Staatsorgane bezeichnet. Im engeren Sinne verstanden handelt es sich um eine Aufgabe des zur Entscheidung berufenen Gerichts[9].

Andere, die diese Unterscheidung verwenden, verstehen unter Beweis im engeren Sinne die Beweisaufnahme und unter Beweis im weiteren Sinne die ganze Sachverhaltsfeststellung[10] in der Hauptverhandlung[11]. Beweis ist dieser Meinung nach das Beweisverfahren in der Hauptverhandlung[12].

3. Beweisen heißt nach Roxin, dem Richter die Überzeugung von dem Vorliegen einer Tatsache zu verschaffen[13].

Beweis soll dann dasjenige Verfahren bedeuten, das zur Überzeugung führt oder anders gesagt, das mit der Sachverhaltsfeststellung[14] oder der Tatsachenfeststellung[15] behaftet ist[16].

4. Von Bedeutung in diesem Zusammenhang ist, daß als Beweis nicht nur der direkte, sondern auch der indirekte, der sog. Indizienbeweis, gilt[17]. Der indirekte Beweis führt auch zur Tatsachenfeststellung und damit zur Überzeugungsbildung.

III. Der Mittelbegriff

Der Mittelbegriff erscheint nicht so vieldeutig wie der Beweisbegriff, ist aber von Komplikationen nicht ganz frei. „Mittel" bedeutet alles, was zu einem Ziele führt oder alles, was helfen könnte, aber auch Stoff, Vermittlung und in der Mehrzahl Ausstattung, Fähigkeit, Möglichkeit[18]. Insoweit kann auch der Mittelbegriff zu Mißdeutungen oder Equivokationen führen, die ein Mißverständnis nicht ausschließen können.

---

[8] Henkel, S. 262.
[9] Henkel, S. 262; vgl. auch Glaser I, S. 354 f.
[10] Gössel, §§ 22, 24; LR-Gollwitzer, § 244 Rdn. 9.
[11] Vgl. Glaser I, S. 354.
[12] Ob der Begriff Beweismittel in speziellen Fragen verschieden ausgelegt wird, LR-Gössel, § 359 Rdn. 117.
[13] Roxin, Strafverfahrensrecht, 19. Aufl. 1985, § 24.
[14] Gössel, § 22.
[15] Peters, § 37.
[16] Das Wissendmachen des Richters, sagt Gössel, ebenda.
[17] Die Überzeugung des Gerichts kann auch durch einen Indizienbeweis begründet werden, sagt Roxin, § 15 C II.
[18] Also Objekt, Gegenstand, Akt, Form und Ergebnis wie unten dargestellt wird.

IV. Der Beweismittelbegriff

1. Einleitung

1. Wenn „Mittel" alles ist, was zum Ziele führt und „Beweis" nach der ersten Interpretation das Verfahren bedeutet, dann kann als „Beweismittel" das Mittel des Beweisverfahrens betrachtet werden oder nach der zweiten Interpretation das Mittel des konkreten Verfahrensaktes und nach der dritten Sinndeutung das Mittel der Beweiswürdigung bei der Überzeugungsbildung.

Läßt man die verschiedenen Equivokationen des Begriffs Mittel beiseite und bezieht den Mittelbegriff auf die drei Sinndeutungen des Beweisbegriffs, dann haben wir es also mit mindestens drei Beweismittelfunktionen[19] zu tun, nämlich mit dem Mittel

    a) des Beweisverfahrens

    b) des Beweisaktes

    c) der Beweiswürdigung oder Überzeugungsbildung.

2. Darüber hinaus kann man von Mitteln des direkten und eventuell von Mitteln des indirekten Beweises sprechen[20], wie auch von Mitteln des Beweises im weiteren und des Beweises im engeren Sinne[21].

3. Man kann auch von Mitteln des Beweises in abstracto und Mitteln des Beweises in concreto sprechen.

Beweismittel in concreto ist nur das zulässige Mittel, nur das im konkreten Fall als zulässig erklärte Beweismittel.

2. Mittel des Beweisverfahrens

1. Mittel des Verfahrens im allgemeinen sind alle Gegenstände, alle Beweisverfahrensobjekte[22], sowohl des Vor- als auch des Hauptverfahrens. Wenn Beweis nur das Beweisverfahren der Hauptverhandlung ist, dann sind Beweismittel die Beweisobjekte der Hauptverhandlung.

2. Wird als Kriterium des Beweismittels die Zulässigkeit des Mittels in der konkreten Beweisaufnahme verstanden — denn „sie erst macht faktisch nach Zahl und Art an sich unbegrenzt mögliche Beweisverfahrensobjekte zu rechtlich

---

[19] Vgl. KMR Paulus § 244 Nr. 49 ff., 53, wo er von drei Funktionen des Beweismittelbegriffs spricht.

[20] Einige meinen, daß der indirekte sich der Mittel des direkten Beweises bedient.

[21] Nach der ersten Interpretation sind es die Mittel des ganzen Verfahrens einerseits und die Mittel des Beweisverfahrens der Hauptverhandlung andererseits. Nach der zweiten Interpretation sind es die Mittel der Sachverhaltsfeststellung als ganzes und die Mittel der Beweisaufnahme.

[22] KMR § 244 Nr. 50.

G. Der Beweismittelbegriff

statthaften Beweismitteln"[23], dann sind Beweismittel die Mittel der Beweisaufnahme des konkreten Verfahrens, die für zulässig erachtet werden.

3. Mittel des konkreten Beweisaktes

1. Beweismittel ist danach das Mittel des konkreten Beweisaktes. Mittel einer Zeugenaussage ist ein Zeuge, wie Mittel einer Urkundenverlesung eine Urkunde ist.

2. Die Betrachtung in abstracto und in concreto ist auch hier anwendbar. Für einen Urkundenbeweis braucht es eine Urkunde, aber eine Urkundenverlesung kann erst an Hand einer für zulässig erklärten Urkunde erfolgen. In diesem Fall haben wir einen Beweisakt, wenn das Objekt zur Beweisführung für zulässig erklärt worden ist.

3. Eine Art konkreter Betrachtung vertritt auch die Auffassung, nach welcher Beweismittel nicht die Gegenstände, sondern die Form von deren Einführung in der Hauptverhandlung sind[24]. In diesem Fall sind Beweismittel die Formen, die Beweisarten der konkreten Beweisaufnahme.

4. Ergebnisse des Beweisverfahrens

Dieser Ansicht nach sind Beweismittel die Ergebnisse des Beweisverfahrens, d. h. die Aussagen, die Urkundeninhalte und die Augenscheineinnahmen[25]. Beweismittel sind die Inhalte der Prozeßhandlungen, der Beweisführung[26], d. h. diejenigen Gegenstände, die zur Beweiswürdigung und Überzeugungsbildung herangezogen werden[27].

V. Der Beweismittelbegriff in der Theorie

1. Roxin

Roxin spricht von gesetzlichen Beweismitteln, die nur nach den in den §§ 244 ff. StPO genau festgelegten Regeln verwendet werden dürfen[28]. Die fünf angegebenen Mittel seien nicht nur in § 244 II erwähnt, d. h. nicht nur in der Beweisaufnahme, sondern auch in § 244 I enthalten. Die Beschuldigtenverneh-

---

23 KMR § 244 Nr. 58.
24 Unten VI B 3 und VII B.
25 Vgl. Peters, § 37, aber auch § 40.
26 KMR § 244 Nr. 51.
27 Im Bereich des § 359: s. dazu LR-Gössel, § 359 Rdn. 76 „als Beweismittel ist weder allein die Person noch allein deren Erklärung anzusehen; Beweismittel ist vielmehr eine aufeinander bezogene Einheit".
28 Roxin, Strafverfahrensrecht, § 24 B.

mung sei vor den § 244 II, d. h. außerhalb der Beweisaufnahme gestellt. Insoweit könne man den Begriff „gesetzliche Beweismittel" als vom Gesetz

    a) vorgesehen

    b) geregelt oder

    c) anerkannt verstehen.

Daraus könne man schließen, daß die Festsetzung der Beweismittel mit den Mitteln der Beweisaufnahme nicht haltbar ist, wenn dazu auch die Beschuldigtenvernehmung gerechnet[29] und andere Mittel als vorgesehen anerkannt werden können.

2. Gössel

Beweisen als „wissend machen" vollzieht sich in den beiden Stadien einmal der Wahrnehmung bestimmter Sachverhalte, zum anderen in der geistigen Beurteilung dieser Wahrnehmungen, sagt Gössel[30]. Wahrnehmungen haben bestimmte Sachverhalte zum Inhalt. Die StPO lege die Art und Weise genau fest, in der Beweisinhalte vom Gericht wahrgenommen werden dürfen.

Die Wahrnehmung allein mache allerdings noch nicht wissend, beweise noch nicht. Zum Beweisinhalt werde ein Sachverhalt erst, wenn der — zu beweisende — Sachverhalt aufgrund der Wahrnehmung des Gerichts als existent beurteilt wird.

Das Gesetz zerlege das Gesamtgeschehen des „Wissendmachens" in zwei Stadien: Die Ermittlung des urteilsgegenständlichen Sachverhalts erfolge in den beiden Abschnitten der Beschuldigtenvernehmung und in der Beweisaufnahme[31].

Inhalt der Sachverhaltsermittlung seien die Tatsachen des Falles. Die Tatsachen können nicht nur durch die Sachverhaltsermittlung der Beweisaufnahme, sondern auch durch die Sachverhaltsermittlung außerhalb der Beweisaufnahme bewiesen werden, nämlich etwa durch die Beschuldigtenvernehmung[32]. Daraus sei zu schließen, daß die Beweismittel nicht nur die vier gesetzlich vorgesehenen Arten der Beweisaufnahme, sondern auch die Beschuldigtenvernehmung seien, weil sie als weitere Art der Sachverhaltsermittlung neben die vier Beweismittel der Beweisaufnahme treten[33].

---

[29] Unter diesem Gedankengang könnte man auch die Indizien als vorgesehenes Beweismittel betrachten: vgl. z. B. die §§ 243 Abs. 4, 267 Abs. 1.

[30] Gössel, Strafverfahrensrecht, 1977 § 22 III.

[31] Gössel, § 22 III b; so auch in § 24 A, wo er betont, daß die Beweisaufnahme neben der Beschuldigtenvernehmung einen der beiden Abschnitte des Beweises, verstanden als Wissendmachen des Gerichts, und damit der Ermittlung des verfahrensgegenständlichen Sachverhalts, darstellt.

[32] Gössel, § 24 IV.

[33] Gössel, § 24 III, IV und § 22 III 2 b.

G. Der Beweismittelbegriff

Als Kriterium zur Bezeichnung eines Mittels als Beweismittel werde hier die Art und Weise der Wahrnehmung bestimmter Sachverhalte eingeführt, die als modale Bestimmung des Beweisganges erscheine[34].

VI. Kritische Bemerkungen zu den verschiedenen Beweismittelbegriffen

1. Die Mittel des Verfahrens

1. Während des Vor- wie auch während des Hauptverfahrens werden viele Gegenstände angeführt, die als mögliche Beweismittel verwendet werden können. Alle diese Gegenstände werden im Gesetz als Beweismittel bezeichnet (§§ 94, 200, 214 StPO). Die Möglichkeit einer Beweisführung mit diesen Gegenständen reicht zur Charakterisierung dieser Objekte als Beweismittel aus.

2. Falls die Zulässigkeit des konkreten Beweisaufnahmeaktes über die Charakterisierung eines Objekts als Beweismittel entscheidet, haben wir als Beweismittel nur die zur Beweisführung für zulässig erklärten Objekte. Vergegenwärtigt man sich, daß die Frage nach der Unzulässigkeit eines konkreten Gegenstandes erst in einem späteren Stadium des Verfahrens gestellt und entschieden werden kann, dann ist die Charaktereigenschaft des Beweismittels auf das Ende des Verfahrens bezogen. Dieses Ergebnis kann mit den Bestimmungen der StPO nicht in Einklang gebracht werden. Denn sie gehen davon aus — wie die Strafverfolgung im ganzen —, daß es sich hier um ein mögliches Beweismittel handelt[35].

2. Die Mittel des konkreten Beweisaktes

1. Die konkreten Beweisakte oder Beweishandlungen haben als Mittel die Mittel des Beweises, die Zeugenvernehmung bedarf eines Zeugen und die Urkundenverlesung einer Urkunde.

2. Die Prozeßhandlungen, die einen Beweisakt darstellen, sind mehr als die in der Beweisaufnahme vorgesehenen Beweismittel. Die Vernehmung des Beschuldigten stellt einen solchen Fall dar[36], aber eventuell auch die Feststellung der Offenkundigkeit[37] einer Tatsache. Es gibt Beweisergebnisse, die, wie z. B. der sich aus der ganzen Verhandlung ergebende Eindruck[38], daß der Täter mit

---

[34] Gössel, § 22 III a.
[35] Vgl. KMR § 244 Nr. 58, wonach das Kriterium der gesetzlichen Zulässigkeit des konkreten Beweisaufnahmeverfahrens erst faktisch nach Zahl und Art an sich unbegrenzt mögliche Beweisverfahrensobjekte zu rechtlich statthaften Beweismitteln macht.
[36] LR-Gollwitzer, § 244 Rdn. 10.
[37] LR-Gollwitzer, § 261 Rdn. 25.
[38] Vgl. KMR § 261 Nr. 19.

Vorsatz oder Absicht gehandelt hat[39], keiner Prozeßhandlung entsprechen. Diese Auffassung umfaßt also nicht die Beweisakte oder -ergebnisse.

3. Die konkreten Beweisakte (Prozeßhandlungen) folgen den Formalitäten der StPO und dementsprechend könnte man statt auf die Gegenstände auch auf die Form der Beweisakte abstellen[40]. In diesem Sinne würden wir so viele Beweismittel haben, wie die konkrete StPO Formen kennt.

Zwischen den nach Zahl und Art an sich unbegrenzt möglichen Beweisverfahrensobjekten und den vier oder fünf Formen deren Einführung besteht eine klare Diskrepanz. Die Formen sind begrenzt, die Gegenstände theoretisch unbegrenzt. Diese Auffassung umfaßt die möglichen Beweisakte und Beweisergebnisse[41] nicht insgesamt[42], wenn die Formen nicht alle Prozeßakte umfassen.

3. Ergebnisse des Beweisverfahrens

1. Wenn das Beweisverfahren zur Sachverhaltsfeststellung führt, dann sind Ergebnisse dieses Verfahrens nicht nur die Inhalte der entsprechenden Beweismittelakte, sondern die ganze Tatsachen- oder Sachverhaltsfeststellung, die als bewiesen oder nicht bewiesen erachteten Tatsachen[43].

Die bewiesenen oder nicht bewiesenen Tatsachen stammen aus verschiedenen Quellen wie:

    a) der Erscheinung und Vernehmung des Beschuldigten

    b) der Durchführung einer Expertise

    c) der Zeugenaussage

    d) der Augenscheineinnahme

    e) der Urkundenverlesung

    f) der Offenkundigkeit einer Tatsache

    g) die aus anderen Tatsachen gefolgerten Tatsachen[44].

---

[39] Als Tatsachen werden auch Vorgänge des Innenlebens betrachtet, die meistens nur durch indirekten Beweis festgestellt werden können.

[40] Vgl. IV B 3, VII B.

[41] Oben Nr. 2 und unten C. 1.

[42] Für diejenigen Gesetzgebungen, die nur begrenzte Formen der Präsentation der Beweisobjekte kennen, wie z. B. wenn Indizien und Parteienvernehmung nicht als Beweismittel anerkannt sind.

[43] So setzt sich die Sachverhaltsermittlung insgesamt aus verschiedenen Teilen, wie die Sachverhaltstatsachen, die Erfahrungstatsachen, die Indizien und die Hilfstatsachen zusammen. Gössel, § 24 B II.

[44] Die Art und Weise der Sachverhaltsfeststellung inkorporiert Erfahrungssätze, Offenkundigkeit und den indirekten Beweis, den sog. Indizienbeweis.

G. Der Beweismittelbegriff

Dieses Ergebnis führt zu einer anderen Aufzählung der Beweismittel, die weder mit der ersten (der Gegenstände) noch mit der zweiten (der Formen, deren Präsentation) übereinstimmen.

2. Würde man als Ergebnisse des Beweisverfahrens nur die Ergebnisse der Beweismittel (-formen) betrachten, dann würden wir Aussagen, Gutachten, Urkundeninhalte und Einlassungen haben. Die Ergebnisse der Beweisakte und insbesondere der letzten Prozeßhandlungen sind nicht immer ausführlich festgelegt[45]. Insoweit stehen wir vor einer Form, die nur selten eine Einschränkung und damit eine Garantie darbietet[46].

Als Beweisergebnis spielt, wie wir alle wissen, der Eindruck des Richters, der aus dem Erscheinen der Prozeßsubjekte folgt, eine wichtige Rolle. Dieses Ergebnis stellt aber keine Prozeßhandlung dar und ist als Beweismittelform ungeregelt[47]. Dadurch läßt auch diese Deutung des Beweismittelbegriffs viele Fragen offen.

VII. Die Beweismittelbegriffe und die StPO

1. Der Beweisbegriff

Man muß sich folgendes vor Augen halten: Beweis ist gewiß nicht nur die Beweisaufnahme der StPO; Beweis ist auch die Beschuldigtenvernehmung[48]. Darüber hinaus ist Beweis nicht nur der direkte, sondern auch der indirekte Beweis[49].

Insoweit ist die Tatsachenfeststellung mit der Beweisaufnahme nicht identisch. Die Beschuldigtenvernehmung ist Teil des Versuchs der Tatsachenfeststellung, obwohl sie der Beweisaufnahme nicht angehört. Tatsachenfeststellung ist auch die Sammlung von Indizien, die während, aber auch außerhalb der Beweisaufnahme stattfinden kann, wie z. B. während der Beschuldigtenvernehmung. Die Tatsachenfeststellung erstreckt sich noch weiter als die Beweisaufnahme. Die Beweisaufnahme stellt nur einen Teil des Beweises dar. Insoweit wäre es möglich, daß die Mittel der Beweisaufnahme nicht die einzigen Beweismittel sind. Man muß auch die anderen Teile des Beweises berücksichtigen. Der Tatsachenfeststellung gehört z. B. die Beschuldigtenvernehmung an. Sie stellt auch ein Beweismittel dar. Die Frage lautet nun, ob darüber hinaus noch andere Mittel als Beweismittel anzuerkennen sind.

---

[45] Vgl. die Bestimmung des § 86 StPO.
[46] Das äußere Erscheinungsbild des Angeklagten, den offen dargebotenen Eindruck und sein Verhalten in der HV kann das Gericht würdigen, ohne daß es dann der Anordnung eines Augenscheins bedarf: LR-Gollwitzer, § 244 Rdn. II, MDR 1974, 368.
[47] LR-Gollwitzer, § 244 Rdn. 14, S. 325-328.
[48] So richtig Gössel, S. 179, 194; KMR Paulus, § 244 Nr. 50.
[49] Beweis ist richtiger gesagt die ganze HV, wenn sie die alleinige Erkenntnisquelle sein darf, LR-Gollwitzer, § 261 Rdn. 25.

2. Der Beweismittelbegriff und die StPO

1. Würden Beweismittel die Form der Tatsachenfeststellung im allgemeinen sein, sollten als Beweismittel folgende Formen aufgestellt werden:

    a) die Vernehmung

    b) die Verlesung

    c) die Augenscheineinnahme

    d) die Folgerung aus anderen Tatsachen[50] und eventuell

    e) die Offenkundigkeit[51].

Alle diese Formen sind der StPO bekannt und insoweit gesetzlich anerkannt. Ob sie direkt oder indirekt, besonders oder gesondert geregelt sind, ändert an der Tatsache nichts, daß sie alle Formen sind, die zur Tatsachenfeststellung führen.

2. Die Ansicht, nach der Beweismittel die Formen der Tatsachenfeststellung in der Beweisaufnahme sind, umfaßt weder die ganze Tatsachenfeststellung noch alle Formen der Tatsachenfeststellung des Beweisverfahrens der StPO. Denn es gibt Formen, die geregelt sind — wie die Beschuldigtenvernehmung, die aber außerhalb der förmlichen Beweisaufnahme steht — und Formen, die nicht weiter geregelt, sondern bloß erwähnt sind — wie z. B. die Offenkundigkeit und der indirekte Beweis —, die zur Tatsachenfeststellung führen können.

Wäre also Beweismittel jede Methode[52] oder Form der Tatsachenfeststellung, dann würden nicht nur die Formen der Tatsachenfeststellung die Beweisaufnahme sein, sondern alle Formen, die dem Gesetz bekannt sind und zur Tatsachenfeststellung führen können.

Die Ansicht, nach der Beweismittel die Formen der Tatsachenfeststellung der Beweisaufnahme sind, stellt eine einschränkende Interpretation des Begriffes dar, die nur aus anderen Gründen zu rechtfertigen wäre[53].

3. Eine weitere Variante dieser Ansicht vertritt die Auffassung, wonach Beweismittel nicht die Form oder die Art und Weise der Beweisaufnahme (der Prozeßhandlung), sondern die Art und Weise der Wahrnehmung der Beweisinhalte durch den Richter ist.

Ein Beweismittel ist danach die Art und Weise, die Methode und nicht die Prozeßhandlung, also die Wahrnehmung von Informationen über die den erheblichen Tatsachen durch den Richter. Von den natürlichen Formen der Wahrnehmung gibt es zwei[54]: Vermittlung der Wahrnehmung durch Dritte (Zeugen,

---

[50] Über die empirisch-historische und moralische Gewißheit, vgl. Glaser I, S. 366.
[51] Vgl. LR-Gollwitzer, § 261 Rdn. 25; BGHSt 26, 61.
[52] Die modes de preuve nach der älteren französischen Literatur.
[53] Unten 3. 2.
[54] Vgl. Glaser I, S. 366.

Sachverständige, Beschuldigte) oder eigene Wahrnehmung (Augenscheineinnahme).

Es gibt eben so viele juristische Formen, wie sie das Gesetz kennt. Und das Gesetz kennt außer den Zeugen-, der Sachverständigen- oder Beschuldigtenvernehmung, der Urkundenverlesung und der Augenscheineinnahme auch die Indizien und die Offenkundigkeit. Denn das Gesetz erwähnt sie als Beweise und regelt durch Bestimmungen deren Anwendung, wie z. B. §§ 243 Abs. 4 und § 267 Abs. 1 zeigen. Der indirekte Beweis stellt eine Form, eine Methode, die zur Tatsachenfeststellung führt, dar.

4. Die Auffassung, nach der Beweismittel die Formen der Tatsachenfeststellung in der Beweisaufnahme sind, setzt auch voraus, daß der Gesetzgeber alle diese Formen eingehend geregelt hätte, was der Gesetzgeber gar nicht vorhatte[55]. Denn das geltende System der freien Beweiswürdigung, oder besser gesagt der ethischen Beweise, gibt Freiheit für die Beweisführung[56] und die Beweiswürdigung[57] in dem Sinne, daß die Einführung der Beweismittel prinzipiell frei ist und nur deren Diskussion die Formalitäten der Verhandlung einhalten soll. Was den Indizienbeweis betrifft, ist wohl allgemein bekannt, daß die Erkenntnis der Unlösbarkeit einer Regelung des Indizienbeweises den Gesetzgeber dazu bewogen hat, auf sie zu verzichten[58].

3. Ergebnis

1. Die Auffassung, nach der Beweismittel alle Objekte des Beweisverfahrens sind, umfaßt den ganzen Beweis[59] und das ganze Verfahren[60]. Sie ist leicht mit den vorhandenen Bestimmungen in Einklang zu bringen, die sehr oft als Beweismittel das Beweisverfahrensobjekt betrachten[61] und auf jedes Erkenntnismittel[62] verweisen[63]. Wenn sich z. B. § 244 II auf alle rechtserheblichen Tatsachen und Erkenntnismittel erstreckt und § 261 gebietet, in die Beweiswürdigung alle in der Hauptverhandlung gewonnenen Beweisergebnisse einzubeziehen, dann kann als Beweismittel dasjenige Mittel angesehen werden, welches alle Erkenntnismittel oder Beweisergebnisse umfaßt.

---

[55] Der Gesetzgeber hat — wie allgemein anerkannt ist — nur die wichtigsten Fälle zu regeln versucht.
[56] Glaser I, S. 353; Platzgummer, S. 74.
[57] Dedes, GedS H. Kaufmann 1986, S. 929 ff.; Glaser I, S. 743.
[58] Glaser I, S. 742, Kasper, S. 14.
[59] Man braucht also nicht zwischen Beweis im engeren und weiteren Sinne zu unterscheiden, wie auch zwischen Beweis des Vor- und Hauptverfahrens.
[60] Vgl. KMR Paulus § 244 Nr. 49, wo er von der regelmäßigen Bedeutung spricht.
[61] Sie läßt auch zwischen zulässigen und unzulässigen Beweismitteln unterscheiden, wie auch zwischen der in abstracto und in concreto Betrachtung.
[62] Vgl. Glaser I, S. 356.
[63] Vgl. Platzgummer, S. 74. Beweismittel sind die Erkenntnisquellen.

66   Teil 2: Über den Beweismittelbegriff und den Indizienbeweis

Gegenstand der Überzeugungsbildung — führt Paulus[64] fort — sind — über den Wortlaut des § 261 hinaus (warum?) — nicht nur die förmlichen Ergebnisse der Beweisaufnahme, sondern sämtliche in der HV aufgedeckten Erkenntnisquellen[65], wie insbesondere auch die Angaben des Angeklagten.

Dieser Gedanke soll aber auch für die Indizien, die offenkundigen Tatsachen und den Eindruck des Richters über rechtserhebliche Tatsachen gelten, der nicht aus einem konkreten Mittel hervorgegangen ist, sondern sich aus einer Zusammenfügung mehrerer oder aus dem Verlauf der ganzen Verhandlung ergibt.

Alle diese drei letztgenannten Möglichkeiten der richterlichen Wahrnehmung sind im Gesetz nicht eingehend geregelt.

2. Diese Ansicht hat aber ein wichtiges Gegenargument zu überwinden: „Vom Angelpunkt der gerichtlichen Apperzeptions- und Beurteilungstätigkeit her ist auch die Streitfrage zu beantworten, ob die StPO einen geschlossenen Kreis von Beweismitteln vorsieht"[66], sagt Paulus[67].

Der geschlossene Kreis von Beweismitteln beruht auf der Notwendigkeit einer Begrenzung der richterlichen Tätigkeit. Die Formen der Tatsachenfeststellung der Beweisaufnahme gebieten eine solche Begrenzung. Andererseits sind außer diesen Beweiserhebungsarten keine anderen ersichtlich[68].

Die Formen der Tatsachenfeststellung in der Beweisaufnahme sind nicht die einzigen Formen[69] der ganzen[70] Tatsachenfeststellung[71]. Insoweit bildet diese Ansicht eine einschränkende Interpretation mit dem Zweck der Begrenzung der richterlichen Kognitionsbefugnis. Wenn aber diese Formen nicht die ganze Sachverhaltsfeststellung umfassen, dann ist der Zweck der Justizförmigkeitsbewahrung nur bedingt zu erreichen.

3. Ist nun dieser Zweck ohne diese Konstruktion nicht zu erreichen? Man könnte zumindest Zweifel haben, denn von den vier angegebenen Formen enthal-

---

[64] KMR Paulus § 261 Nr. 2.

[65] Erkenntnisquelle kann jedes Objekt, jeder Akt, jede Form und jedes Ergebnis des Beweisverfahrens werden. Dieses Resultat kann mit den vier oder fünf Beweismittelformen nicht in Einklang gebracht werden.

[66] Paulus in KMR § 244 Nr. 57.

[67] Beweismittel sind, dieser Meinung nach, nicht die Objekte des Verfahrens, sondern die Objekte der richterlichen Beurteilung. Beweismittel sind die Ergebnisse des Beweisverfahrens, d. h. das, was der Richter aus der Verhandlung durch die Formen der Verhandlung herausbekommen hat, wie z. B. die Aussagen, die Expertise, der Inhalt der Urkunden und die Einnahme des Augenscheins.

[68] KMR § 244 Nr. 59; dazu auch LR-Gollwitzer, § 244, Rdn. II ff.; KK-Herdegen, § 244 Rdn. 18, Kasper, S. 56.

[69] Oben VII. B.

[70] Die Indizien folgen aus der ganzen Sachverhaltsfeststellung und nicht nur aus der Verhandlung über die vier oder fünf Beweismittel.

[71] So z. B. die Forderung „je freier die Beweiswürdigung, desto gebundener die Präsentation der Beweismittel", Kunert GA 1979, S. 413; KK-Herdegen, § 244 Rdn. 15.

ten nur die zwei ersten eine Regelung. Die dritte und vierte werden nur durch die Prinzipien der Hauptverhandlung normiert. Die Prinzipien der Mündlichkeit, Unmittelbarkeit und Öffentlichkeit bieten eine solche Garantie. Ohne Vernehmung, Verlesung und Einnahme[72] sind Mündlichkeit, Unmittelbarkeit und Öffentlichkeit nicht gewahrt, mit der Folge, daß das unter Nichtbeachtung dieser Prinzipien gesammelte Beweismaterial nicht verwendet werden darf.

Die Einschränkung der richterlichen Kognitionsbefugnis kann auf der Geltung der Prinzipien der Verhandlung[73] beruhen und ist nicht auf die Formen der Präsentation der Beweise angewiesen. Diese Einschränkung steht mit dem System der freien Beweiswürdigung auf derselben Linie, so etwa, wenn die Möglichkeit der Einführung aller Beweise postuliert wird und die freie Beweiswürdigung ihre Begrenzung allein darin findet, daß sie nur auf der Grundlage einer ordnungsgemäßen, den übrigen Prozeßgrundsätzen[74] entsprechenden Verhandlung[75] beruhen darf.

Alle Beweise, alle Verfahrensobjekte müssen während der Hauptverhandlung vorgelegt und erhoben werden. Denn sonst darf der Richter sie nicht verwenden. Wird über ein Objekt verhandelt, dann kann der Richter das Mittel verwenden und Schlüsse ziehen, die dem direkten oder indirekten Beweis angehören können. Die Form der Einführung spielt dann eine untergeordnete Rolle. Die Würdigung der Beweise ist frei und die Überzeugungsbildung kann sich auf die ganze Sachverhaltsfeststellung stützen, sogar auf die ganze Hauptverhandlung.

4. Der Indizienbeweis ist eine echte Form des Beweisverfahrens und keine Sonderform oder nur Korrelat der Beweisaufnahme. Der Indizenbeweis als echter Beweis kann aus dem ganzen Beweisverfahren, d. h. aus der ganzen Sachverhaltsfeststellung stammen[76]. Deshalb ist die Vorstellung, daß diese Formen eine Garantie bieten, nicht zu überschätzen. Diese Garantien sind hauptsächlich die Öffentlichkeit, die Mündlichkeit und die Unmittelbarkeit des Verfahrens[77]. Die Aussage des Zeugen oder Sachverständigen[78] und die Verlesung der Urkunden werden frei ausgelegt, genauso wie die Einnahme von Objekten, die ebenfalls ungeregelt ist. Das Betrachten der äußeren Erscheinung der Parteien bzw. Prozeßsubjekte, unabhängig davon, ob die Vernehmung oder Augenscheineinnahme[79]

---

[72] Die Formen stellen übrigens keine anderen Formalitäten auf.
[73] So ausdrücklich § 261 StPO „aus dem Inbegriff der Verhandlung"; vgl. dazu Glaser I, S. 356; auch LR-Gollwitzer, § 261 Rdn. 15, 16.
[74] Glaser I, S. 358; vgl. auch LR-Gollwitzer, § 261 Rdn. 15, 16.
[75] Die Verhandlungsprinzipien, d. h. Öffentlichkeit, Mündlichkeit und Unmittelbarkeit ersetzen die gegebenenfalls nicht vorhandene Regelung, BGHSt 26, 61.
[76] Ob jeder Beweis ein Indizienbeweis ist, lassen wir beiseite; vgl. Engisch, Logische Studien, S. 66; Grünwald, FS Honig, S. 60; Tenckhoff, S. 138; Volk, JuS 1975, S. 27; NStZ 83, S. 423, Wahrheit, S. 8.
[77] Vgl. LR-Gollwitzer, § 244 Rdn. 1: Damit ist die Art bzw. die Form der Präsentation der Beweise auch festgesetzt.
[78] Vgl. Gössel, DRiZ 198, S. 363 ff.

charakterisiert wird, bleibt ungeregelt und unprotokolliert. Die Vorschriften hinsichtlich der Einführung der wichtigsten Beweismittel vor Gericht sind insoweit keine strengen Vorschriften [80] und schließen eine schrankenlose Zulassung weiterer Beweismittel nicht aus [81], wenn alles Mögliche diesen Formen oder dem formlosen Augenschein [82] zugeordnet werden kann [83].

5. Die Einschränkung der Beweismittel hätte nur dann einen Sinn, wenn die Aufklärung der Tat und die Feststellung der sie bildenden Tatsachen ausschließlich aus den während der Beweisaufnahme ausdrücklich mitgeteilten oder wahrgenommenen Tatsachen folgen würde. Es ist indes bekannt, daß die inneren Tatsachen, d. h. die Vorgänge des Innenlebens, wie Absichten, der Dolus und die Fahrlässigkeit, nur mittelbar festgestellt werden können, d. h. durch den indirekten Beweis und die Beweiswürdigung. Die subjektive Seite der Straftat wird regelmäßig durch indirekten Beweis festgestellt, was aber häufig auch für die objektive Seite gilt, wenn die sie bildenden Tatsachen des äußeren Lebens direkt nicht festgestellt werden können [84].

Die Formen der Einführung der Beweise spielen dann nur eine untergeordnete Rolle. Sie sichern bloß, daß über die konkreten Gegenstände verhandelt worden ist [85]. Einschränkungen sind dann Mündlichkeit, Unmittelbarkeit [86] und Öffentlichkeit [87].

6. Der Eindruck des Richters aus der Erscheinung des Beschuldigten bzw. der Parteien [88] bzw. der Prozeßsubjekte — wenn die konkrete Prozeßordnung diese Erscheinung nicht als Beweismittel anerkennt — und der Eindruck aus der

---

[79] MDR 1974, S. 368.

[80] Vgl. Krause, S. 84.

[81] Die Grenzen der Beweismittel untereinander, wie ihrer bisher (!) noch geschlossenen Kreise werden fließend, Gössel, DRiZ 1980, S. 363. JR 190, S. 290 Anm. Volk und das Urteil des KG 21. 6. 79, wonach die Auslegung von mündlichen oder schriftlichen Erklärungen allein Aufgabe des Tatrichters ist.

[82] Der trotzdem als eine Rechtsgarantie der förmlichen Beweisaufnahme angesehen wird.

[83] Insbesondere, wenn die Überprüfung der Inhalte und Ergebnisse der Beweismittelformen wie z. B. des Inhalts von Urkunden und des Bemerkens von Augenscheinsobjekten nicht möglich ist, Gössel, Arbeiten zur Rechtsvergleichung, Bd. 112, S. 225, 233 ff., 236 und GA 1979, S. 247.

[84] Volk, Wahrheit, S. 20 f.

[85] Die Formen der Präsentation sind eingeschränkt, insoweit als Beweismaterial mündlich vor dem Richter und allen anderen Prozeßbeteiligten vorgetragen werden muß.

[86] Wenn die Formen der Beweisaufnahme einen kleinen Teil der Sachverhaltsfeststellung umfassen, kann man nicht mehr sagen, daß die für den Strengbeweis verwendbaren Beweismittel abschließend festgelegt sind, vgl. LR-Gollwitzer, § 244 Rdn. 8 i. V. m. Rdn. 11 und 14.

[87] Die schrankenlose Zulassung weiterer formloser Beweismittel ist nach Krause, S. 84, erlaubt, wenn sie als Augenscheinsobjekte charakterisiert werden können.

[88] KMR § 261 Nr. 19; v. Hippel, S. 417; vgl. Krause, S. 73, 78 über die Beweismittel eigener Art.

G. Der Beweismittelbegriff

Vernehmung von Zeugen und Sachverständigen[89], die als Beweismittel anerkannt sind, sowie der Eindruck aus der Augenscheineinnahme[90] von Gegenständen werden nur vereinzelt ausgesprochen und protokolliert, obwohl sie die wichtigsten Quellen der Überzeugungsbildung darstellen[91].

Diese sog. Imponderabilien können einer konkreten Prozeßhandlung angehören, können aber auch in der ganzen Verhandlung vorkommen und werden nur ausnahmsweise ausgedrückt und niedergeschrieben bzw. protokolliert.

Die Annahme also, daß die Beweismittel als Beweisformen eine Einschränkung der richterlichen Kognitionsbefugnis erfüllen, entspricht nicht immer der Realität. Die Beweisformen lassen die wichtigen Quellen der Überzeugungsbildung, wie den Eindruck des Richters, ungeregelt[92]. Wenn also die Vernehmung des Beschuldigten oder des Zeugen keinen Aufschluß darüber geben kann, ob diese Vernehmung als direkter oder indirekter Beweis verwendet wird, und die Verlesung einer Urkunde nicht ausschließen läßt, daß die Urkunde als Augenscheinsobjekt oder als Indiz verwendet wird und die Ergebnisse aus der Beweistätigkeit nur selten mit den konkreten Beweisakten — Beweisformen — festgesetzt werden können, dann ist ersichtlich, daß diese Formen mit dem Inhalt der Beweistätigkeit wenig zu tun haben.

Diese Formen besagen nicht mehr, als daß über ein Beweisverfahrensobjekt verhandelt worden ist, und daß es dementsprechend zur Überzeugungsbildung verwertet werden darf.

Darüber, was der Richter aus diesen Formen gewonnen hat[93], sagen diese Formen wenig aus[94].

Alle Beweisformen sind in den Händen des Richters bloßes Material, dessen Verwendung nur nach der Beweisaufnahme, eventuell vor der Überzeugungsbildung, endgültig bestimmt wird.

Alle Beweismittel, Beweisobjekte, Beweisformen etc. stellen bis zur Überzeugungsbildung Beweise dar, die als einfache Erkenntnisquellen zur Begründung der Überzeugungsbildung verwertet werden. Die Formen der Einführung der Beweise in die Hauptverhandlung spielen nur eine untergeordnete Rolle. Das Schwergewicht fällt auf den Eindruck des erkennenden Richters, der nur selten ausgesprochen wird[95].

---

[89] Gössel, GA 1979, S. 247.

[90] Der Eindruck und nicht, was als festgestellte Tatsache erscheint; vgl. Glaser I; S. 658 ff.

[91] Küper, S. 296 ff.; Schreiber, ZStW 88, S. 117 ff., 153; Bohne, S. 58 ff.; Tenckhoff, S. 106 f.

[92] Vgl. LR-Gollwitzer, § 244 Rdn. 11, 14, 15, 325.

[93] Wenn insbesondere gesagt wird, daß die Erörterung der Offenkundigkeit keine wesentliche Förmlichkeit des Verfahrens darstellt, die in der Sitzungsniederschrift festgehalten werden muß; vgl. LR-Gollwitzer, § 261, Rdn. 27.

[94] Dann bleiben die schützenden Formen, so Krause, S. 84, ohne materiellen Gehalt.

Die Verknüpfung des Beweismittelbegriffs mit den Formen ihrer Einführung bedeutet keine inhaltliche Präzisierung der Beweistätigkeit[96], denn sie normieren hauptsächlich Zulässigkeitsfragen und spielen eine mindere Rolle während der Beweiswürdigung und der Überzeugungsbildung[97].

Damit wird nicht gesagt, daß die Formen keinen Zweck haben. Sie stellen den Weg der Beweistätigkeit sicher, obwohl sie dazu einer näheren Bearbeitung bedürftig sind, nämlich bei Indizien, Urkunden, Augenschein und Erscheinung der Parteien bzw. der Prozeßobjekte, wie diese Arbeit gezeigt hat[98].

H. Indizienbeweis

I. Einleitung

Der Indizienbeweis bezieht einerseits die unvollständigen natürlichen Beweisarten und andererseits alles, was zum Beweis dient, aber noch nicht einen echten Beweis ausmacht, ein[1]. Beide Sätze sind überlieferte Aussagen und entsprechen den heutigen Auffassungen nicht mehr.

Sie geben einen Vergleich zwischen vollständigen und unvollständigen Beweisarten, ihrerseits ein Produkt der legalen Beweise, die zwischen vollständigen und unvollständigen Beweisergebnissen differenzierten[2], wieder und sprechen dem Indizienbeweis die Beweiskraft ab, was auch den legalen Beweisen entsprach und in dieser allgemeinen Formulierung heute nicht mehr ganz korrekt erscheint.

Was insbesondere den ersten Satz betrifft, kann man folgendes bemerken: Es wird zwischen Beweisarten als differenzierten Beweisergebnissen unterschieden. Dies entspricht wiederum der Lehre von den legalen Beweisen und ist mit der freien Beweiswürdigung unvereinbar.

Was den zweiten Satz betrifft, kann man gleich eingangs bemerken, daß der Indizienbeweis heute ein voller, selbständiger Beweis ist, der bis zur Überzeugungsbildung führen kann.

---

[95] Wie dies im angelsächsischen Recht geschieht.

[96] Von einer strengen förmlichen Regelung der gesetzlichen Beweismittel ist nichts zu spüren; Krause, S. 84.

[97] Insbesondere, wenn der Richter sein Urteil auf die ganze Hauptverhandlung stützen kann, LR-Gollwitzer, § 261, Rdn. 15, 16.

[98] Es gibt auch Prozeßakte, die zur Überzeugungsbildung beitragen und mit den Beweisformen wenig zu tun haben, wie die Ausübung von Rechten, die Erklärungen der Verteidiger etc., vgl. LR-Gollwitzer, § 261 Rdn. 15, 16. Volk, Prozeßvoraussetzungen, S. 120 ff., über die Einreden.

[1] Glaser, Lehrbuch I, S. 738.

[2] Vgl. Glaser I, S. 736 f.: „... wenn eine Verurteilung nicht unmittelbar auf Indizien gegründet werden konnte und eine sorgsame Besprechung und möglichst vollständige Aufzählung den überhaupt und bei den einzelnen Delikten anzuerkennenden Indizien Hauptaufgabe der Literatur und Gesetzgebung war". Kasper, S. 14.

H. Indizienbeweis

Heute stehen beide, direkter und indirekter Beweis, gleichwertig nebeneinander. Übrigens kann ein direkter Beweis unvollständig und ein indirekter vollständig sein. Der indirekte Beweis, in Ermangelung des direkten oder in Verbindung mit ihm, ist also ein zulässiger Beweis. Es macht zwar keinen direkten Beweis aus; aber Beweis ist nicht nur der direkte, sondern auch der indirekte[3], und beide stehen gleichwertig nebeneinander[4], soweit es die Überzeugungsbildung betrifft.

II. Die Interpretation des Indizienbegriffs

1. Der Indizienbegriff hat in seiner geschichtlichen Entwicklung mehrere Bedeutungen oder Interpretationen gehabt. Er ist mehrdeutig. Er bedeutet:

Erstens: Die Objekte oder Gegenstände, die mit einer strafbaren Handlung in irgendeiner Beziehung oder Verbindung stehen, wie z. B. Spuren, instrumenta sceleris usw.[5].

Zweitens: Die Tatsache, die für sich allein betrachtet rechtlich unerheblich ist, aber dadurch rechtlich erheblich wird, daß sie durch logisches Denken einen Rückschluß auf die rechtlich erheblichen Tatsachen gestattet[6].

Die Mehrdeutigkeit der Begriffe[7] des Beweisrechts ist im übrigen nicht selten[8].

2. Die Mehrdeutigkeit des Indizienbegriffs hat schwerwiegende Konsequenzen, denn sie stellt nicht nur eine begriffliche Unsicherheit dar[9], sondern führt zu ganz verschiedenen Funktionsergebnissen, wie unten noch dargestellt werden wird. Das hat eine erhebliche Verwirrung verursacht.

Man liest z. B., daß die Indizien kein Beweismittel, sondern Gegenstand des Beweises sind[10] oder daß die Indizien — genauer indizierende Tatsachen[11] — im Prozeß Gegenstand des Beweises, also Beweisthema und nicht Beweismittel sind[12].

---

[3] Vgl. Glaser I, S. 742; Engisch, Logische Studien, S. 66; Grünwald, FS Honig, S. 60; Tenckhoff, S. 138; Volk, JuS 75, 27; Wahrheit, S. 8.
[4] Geppert, Der Grundsatz der Unmittelbarkeit, 1979, S. 164.
[5] So die ältere Literatur: vgl. Rittler, SchwZSt 43, S. 175 ff.
[6] So die neuere Literatur: vgl. Tenckhoff, S. 137.
[7] Außer dem Augenscheinsbegriff, der Prozeßhandlung und Beweismittel wird auch der Begriff Sachverständiger und seine Rolle im Beweisverfahren verschieden ausgelegt. Der Augenschein hat die Objekte ersetzt, so daß als Beweismittel statt der verschiedenen Objekte nunmehr der Akt selbst erscheint, was zur Eliminierung der Zulassungsschranken aller möglichen Objekte geführt hat. Die Namensgebung der Beweismittel gibt einmal die Objekte wieder, wie beim Zeugen oder Sachverständigen, der Urkunde und ein anderes Mal den Beweisakt wie beim Augenschein.
[8] Oder sogar die Verwechselung der Begriffsinhalte, Geppert, S. 164.
[9] Volk, Prozeßvoraussetzungen, S. 40 ff.
[10] So z. B. v. Hippel, S. 378 Anm. 4.
[11] Der präzisierende Satz ist im Text des Buches zu lesen.

Was meint diese Aussage: Die Indizien, die indizierende Tatsache oder beides?

Die Aussage betrifft die indizierende Tatsache. Die indizierende Tatsache ist tatsächlich Beweisthema, Gegenstand des Beweises. Von den erwiesenen indizierenden Tatsachen kann man durch einen logischen Rückschluß zu der unmittelbar rechtserheblichen Tatsache gelangen. Die letztere, die unmittelbar rechtserhebliche Tatsache, wird dann als Teil der richterlichen Beweiswürdigung angesehen.

Wenn also die indizierende Tatsache Gegenstand des Beweises ist, kann sie dann noch zugleich ein Beweismittel sein? Dies ist eine Frage für sich. Autoren, die diese Mehrdeutigkeit des Indizienbegriffs betont haben, wie v. Hippel, kommen zum folgenden Ergebnis[13]:

Die indizierende Tatsache ist Gegenstand des Beweises. Beweismittel sind auch hier die Personen oder Sachen, durch deren Aussage bzw. Verwertung der Beweis des Vorliegens der indizierenden Tatsache erbracht wird[14].

3. Außer dieser Mehrdeutigkeit und Doppelrolle des Begriffs wird von mehreren Autoren die Ansicht vertreten, daß Indiz auch ein Umstand sein kann[15]. Hier wird ein neuer Begriff zur Erklärung der Indizien verwendet, obwohl kein eigentlicher Grund hierfür angegeben wird. Es läßt sich nur vermuten, daß der neue Begriff ohne Belastung aus der geschichtlichen Tradition eine bessere Inhaltsangabe geben soll. Eines aber ist sicher: Der Begriff „Umstand" betont viel besser die Erkenntnis der allgemeinen Natur des Indizienbeweises und betont die Ablösung der Auffassung, wonach Indiz sachlichen Beweis bedeutet.

Indiz kann gewiß nicht nur sachlicher Beweis sein. Indiz kann jeder Umstand sein, der zu der rechtserheblichen Tatsache hinführen kann.

III. Der Indizienbeweis als sachlicher Beweis

1. Die Einteilung der sachlichen Beweismittel zeigt viele Ungenauigkeiten und wird von verschiedenen Ansichten getragen.

Im romanischen Raum werden die Beweismittel und daher auch Indizien getrennt behandelt. Die Urkunde und die Indizien erscheinen dann als Fälle der sachlichen Beweismittel. Im deutschen Raum vertritt die Lehre die Auffassung, daß sachliche Beweismittel allein die Urkunde und die Augenscheinsobjekte sind[16].

---

[12] So v. Hippel, S. 380.

[13] v. Hippel, S. 380, 381.

[14] Wenn man also zwischen Indiz und indizierender Tasache nicht unterscheiden will, haben wir genau dasselbe Phänomen wie beim Augenschein. Der Begriff gibt einmal das Objekt und ein anderes Mal den Prozeßakt wieder.

[15] Henkel, S. 267; und schon Glaser, a. a. O., Volk, NStZ 1984, S. 377.

[16] Robert, Augenschein, S. 23 ff.

H. Indizienbeweis

Die Eingruppierung der Indizien ist noch nicht abschließend geklärt. Sie bleibt ein offenes Problem. Sehr oft findet man beide Auffassungen nebeneinander, wie z. B. „ein Indizienbeweis, d. h. ein Beweis auf Grund von Tatsachen, die einen Schluß auf die unmittelbar erhebliche Tatsache zulassen und ein Indizienbeweis, namentlich ein Beweis mit sachlichen Beweismitteln"[17].

2. Als sachlicher Beweis wird der Indizienbeweis in der Kriminalistik verstanden und aufgefaßt[18]. In der Lehre wird diese einschränkende Ansicht aber nicht geteilt[19].

Die Lehre vertritt überwiegend die Auffassung, daß der Indizienbeweis ein indirekter Beweis ist, ohne jedoch weitere Präzisierungen darüber anzubieten. Diese Auffassung mag diejenigen befriedigen, die in den Indizien kein Beweismittel sehen wollen[20]. Wenn man nur die indizierende Tatsache als Inhalt des Indizienbeweises ansieht, kann man leichter die Objekte, aus denen die indizierenden Tatsachen stammen, beiseite schieben. Die Objekte des Beweises sind Augenscheinsobjekte, so daß für die Objekte des Indizienbeweises kein Platz mehr bleibt. Dies ist aber wiederum ein problematisches Ergebnis. Denn Indizien können Spuren, producta oder instrumenta sceleris sein, d. h. Objekte, die dem Indizienbeweis angehören, die mit der entsprechenden Prozeßhandlung vertauscht werden. Sie werden mit dem Augenschein, d. h. mit der Prozeßhandlung, verwechselt oder mit der indizierenden Tatsache identifiziert, die das Ergebnis des Beweisaktes darstellt und die Gegenstand der Würdigung ist[21].

3. Der Indizienbeweis ist freilich nicht nur ein sachlicher Beweis. Er kann sachlicher Beweis sein, wenn die Indizientatsachen aus einem Objekt stammen. Das Indiz kann aber auch aus irgendeiner Tatsache folgen[22], die nicht zwingend mit einer Sache verbunden zu sein braucht.

4. Die Mehrdeutigkeit des Begriffs läßt also viele Lösungen zu:

Wird das Indiz[23] als sachliches Beweismittel angesehen, dann ist es zugleich ein Beweismittel.

Wird das Indiz von den sachlichen Beweismitteln unterschieden[24], dann soll die Frage gestellt werden, ob es als getrenntes Beweismittel betrachtet werden muß.

---

[17] Roxin, § 15 C II.
[18] Meixner, Der Indizienbeweis 1952, S. 23 ff., Kasper, S. 56 ff.
[19] Tenckhoff, S. 137; Henkel, S. 266 ff.
[20] Vgl. Krause, S. 83.
[21] Auch die ältere französische Unterscheidung zwischen modes de preuve direkt und modes de preuve indirekt ist in ihrer allgemeinen Formulierung nicht ganz korrekt. Man kann ex ante nicht genau sagen, was für ein Beweis erbracht wird.
[22] Auf sonstige Weise ergeben, sagt Henkel, S. 267.
[23] Über das Problem einer Begriffsbestimmung, vgl. Tenckhoff, S. 136.
[24] Deren Gleichsetzung zur historischen Tradition gehört, Tenckhoff, S. 137; Rittler, Schw ZStR. 43, 175 ff.

Wird das Indiz als ein Sammelbegriff angesehen, d. h. daß es verschiedene Inhalte hat und von den sachlichen Beweismitteln unterschieden werden muß, dann entsteht die Frage, ob diese Figur als ein getrenntes Beweismittel anzusehen ist.

IV. Der Indizienbeweis als ein Beweis von mittelbar erheblichen Tatsachen

1. Die heute wohl als herrschend geltende Auffassung vertritt den Standpunkt, daß als Indiz jede Tatsache oder Umstand[25] gelten kann, welcher mit dem konkreten Beweissatz in einem möglichen Zusammenhang steht[26]. Wir stehen also vor einer mittelbar relevanten Tatsache, der Indiztatsache. Die Indiztatsache wird wie folgt bestimmt: Die Tatsache X kann Indiz für die Tatsache Y sein, wenn vermittels allgemeiner Erfahrungssätze von ihr auf diese geschlossen werden kann.

Hier wird der Begriff der Indiztatsache analysiert, und zwar mit dem Zweck, die Struktur des Indizienbeweises zu bestimmen. Die Indizientatsache wird bald als Tatsache, bald als Umstand betrachtet.

2. Ob man nun durch diese Entwicklung zu dem Schluß kommen kann, daß die Indizien nicht zu den Beweismitteln, sondern zu den Beweisgründen gehören[27], ist eine nicht leicht zu beantwortende Frage. Diese Frage bedingt jedoch schon, daß der Begriff Indiz mit dem Begriff Indiztatsache verwechselt wird. Sie ist daher eigentlich keine Frage. Wenn man z. B. zwischen Indiz und indizierender Tatsache unterscheiden will, ist es auch möglich, eine Unterscheidung zwischen Beweismittel und Beweisgrund durchzuführen. Das Indiz als Erkenntnisquelle produziert in diesem Sinne nämlich die indizierende Tatsache.

Die Unterscheidung ist freilich nur durchführbar, wenn beide Glieder klar getrennt werden. Wird die anzeigende Tatsache bald als Ursache, bald als Wirkung angesehen, dann ist die Trennung nicht mehr verständlich[28].

V. Das Wesen des Indizienbeweises

1. Direkter und indirekter Beweis stehen heute als gleichwertige Beweisgänge nebeneinander[29]. Der indirekte Beweis kann zur Überzeugungsbildung führen. Der indirekte Beweis führt also auch Beweis. Er ist zwar kein direkter Beweis.

---

[25] Glaser I, S. 738 Anm. 2, S. 746.
[26] Also Kausalitätsverhältnis; Glaser, S. 743.
[27] So schon Bauer, Lehrbuch bei Glaser I, S. 739.
[28] Vgl. Glaser, S. 740.
[29] Henkel, S. 267; Geppert, S. 164, oder sogar geringere Bedeutung für den direkten Beweis, vgl. Kasper, S. 38, Döhring, S. 20.

H. Indizienbeweis

Aber Beweis ist eben nicht nur der direkte, sondern auch der indirekte und beide stehen gleichwertig nebeneinander, insbesondere soweit es die Überzeugungsbildung betrifft.

Ist nun der indirekte Beweis nach den obigen Feststellungen ein selbständiger Beweis?

Aus den schon dargestellten Auffassungen kann man beide Ansichten rekonstruieren:

Die erste, die positive Antwort, findet beim Indizienbeweis alle Elemente des Beweises, wie z. B. Beweisführung, Beweismittel, Beweisaufnahme und Beweisgrund.

Die zweite, die negative Antwort, die von einer Übereinstimmung von Indizien und indizierenden Tatsachen ausgeht, findet beim indirekten Beweis nicht alle Elemente des Beweises [30].

Manche meinen sogar, daß es hier keine eigentliche Beweisaufnahme und dementsprechend keine eigentlichen Beweismittel gibt [31].

Diese Meinung ist in ihrer allgemeinen Fassung nicht richtig. Die bisherige Analyse hat bereits erwiesen, daß beim indirekten Beweis Objekte, Personen und Sachen verwendet werden, die man mit gutem Grund als Beweismittel des indirekten Beweises betrachten kann.

Es gibt also beim indirekten Beweis einen Beweisgegenstand, die indizierende Tatsache und ein Beweismittel, wie Personen oder Sachen, die die indizierende Tatsache [32] erbringen [33].

2. Der indirekte Beweis umfaßt aber darüber hinaus jeden Umstand [34], jede [35] indizierende Tatsache, die nicht nur aus sachlichen Beweismitteln [36] herstammt, sondern aus anderen Umständen, aus irgend einer Tatsache [37] oder auch aus irgendeiner Prozeßhandlung (einem Prozeßakt).

Diese letzte Erkenntnis führt zur Eigentümlichkeit des indirekten Beweises. Die indizierende Tatsache kann aus einem Prozeßakt entstehen. Mittel des indirek-

---

[30] Mißverständlich ist der Satz: Indizienbeweis ... ist keine andere Beweisart als der direkte Beweis, so aber LR-Gollwitzer, § 261 Rdn. 60.

[31] Vgl. Krause, S. 83: mit Hilfe zulässiger Beweismittel.

[32] Erst wenn sich die aus den einzelnen Umständen zu ziehenden Folgerungen als zulässige darstellen, ist das Gesamtergebnis überschaubar, sagt Glaser, S. 747.

[33] Vgl. Volk, JuS 1975, S. 27; NStZ 1983, S. 432.

[34] Die aus einem Tatumstand für die Annahme einer Tatsache sich ergebenden Gründe, Glaser, S. 746.

[35] Jede Tatsache, die eine positive oder negative Bedingung erfüllt, wirkt als Indizium, Glaser, S. 746.

[36] Wie z. B. im Zivilprozeß, wo als Indizien die unvollständigen, natürlichen Beweismittel gelten.

[37] Auf sonstige Weise nach Henkel, S. 267.

ten Beweises sind also nicht nur Personen oder Sachen, sondern auch Akte und Umstände.

VI. Die Selbständigkeit des indirekten Beweises

1. Der Beweis wird durch Personen oder Sachen geführt. Beweismittel sind Objekte, Gegenstände und hier persönliche oder sachliche.

Der Beweis bedient sich der Personen oder der Sachen mit dem Zweck der Sachverhaltsgewinnung, ohne vorher zu wissen, ob das Ergebnis des konkreten Beweisaktes ein direktes oder indirektes sein wird.

Die Mittel des Beweises sind insoweit Mittel sowohl des direkten wie auch des indirekten Beweises. Die Ansicht, wonach der indirekte Beweis dem direkten unterzuordnen ist, ist also nicht richtig[38]. Denn es ist nicht auszuschließen, daß[39] ein Prozeß nur mit indirekten Beweisen[40] geführt wird. In diesem Fall kann man nicht behaupten, daß die Beweisaufnahme und die Beweismittel einem direkten Beweis entstammen.

2. Andere finden den Unterschied beim Beweisthema. Beim Indizienbeweis ist das Thema nicht die rechtserhebliche Tatsache, sondern eine Tatsache, die einen Schluß auf das Vorliegen einer solchen zuläßt. Ganz anders, wenn Beweis über Tatsachen erhoben wird, die für sich allein gesehen nichts für die Schuld- oder Straffrage ergeben, sagt Tenckhoff[41].

Fraglich ist nun, ob eine ex ante Unterscheidung zwischen direktem und indirektem Beweis durchführbar ist. Das Beweisthema bleibt stillschweigend die angeklagte Tat. Aber die Erhebung der Beweise ist selten ex ante festzusetzen. Man erhebt die Beweise und wartet auf das Ergebnis. Die Beweistätigkeit richtet sich[42] selbstverständlich auf die rechtserheblichen Tatsachen. Welches das Ergebnis sein wird, kann man vorher nur selten wissen.

Vom Ergebnis her gesehen ist die Unterscheidung klar. Beweisergebnis ist die indizierende Tatsache und nicht die rechtserhebliche.

3. Die Frage ist nun, ob das Gericht seine Beweistätigkeit in erster Linie auf das tatnähere Beweisthema und erst zweitrangig auf die indizierende Tatsache

---

[38] Wenn z. B. die Beweisgründe aus keinem Beweismittel eines direkten Beweises stammen, was sehr oft geschieht, bleibt das Problem für diese Ansicht unlösbar.

[39] Insoweit könnte man sagen, daß der Indizienbeweis keine andere Beweisart ist als der direkte Beweis, so LR-Gollwitzer, § 261 Rdn. 60.

[40] Die Forderung, die Beweistätigkeit des Gerichts möglichst auf Haupttatsachen und nicht bloß auf Indiztatsachen zu richten: Beling, Reichsstrafprozeßrecht, S. 315; Geppert, S. 129, 162, kann nur als Forderung und nicht als Unterscheidungsmerkmal in Anspruch genommen werden.

[41] Tenckhoff, Die Wahrunterstellung im Strafprozeß 1980, S. 138 ff.; vgl. Platzgummer, S. 21.

[42] Henkel, S. 266; Tenckhoff, S. 137.

zu erstrecken hat[43]. Selbst Geppert stellt fest, daß eine allgemeingültige Antwort vom Gesetz mit gutem Grund nicht gegeben werden kann[44]. Denn ein indizierender Beweis, insbesondere der Sachbeweis, ist oft zuverlässiger als ein direkter Personalbeweis und auch ein indizieller Personalbeweis kann im Einzelfall exakter sein als ein unmittelbarer Beweis. Dies nach Lage jedes einzelnen Falles zu entscheiden, ist nach Maßgabe des § 244 Abs. 2 StPO Aufgabe des erkennenden Gerichts[45].

Bei der materiellen Unmittelbarkeit geht es nicht um die Verwendung des Beweismittels, das der zu beweisenden Tat am nächsten steht; entscheidend ist allein die Nähe verschiedener Beweismittel zu jeweils ein und demselben Beweisthema. Es geht um die Forderung nach dem beweisthemanächsten Beweismittel[46].

4. Der indirekte Beweis ist ein selbständiger Beweis nicht nur, weil er bis zur Überzeugungsbildung führen kann, sondern weil er eine Eigentümlichkeit besitzt, die mit dem direkten Beweis nicht erklärt werden kann[47]. Die indizierende Tatsache kann sich aus einer Tatsache oder einem Umstand ergeben, die mit einem direkten Beweis nichts zu tun haben[48].

Es gibt also Beweisgang, Beweismittel, Beweisaufnahme und Beweisgrund des indirekten Beweises. Beweisgegenstand ist die indizierende Tatsache, d. h. eine Tatsache oder ein Umstand, der mit den rechtserheblichen in einem Zusammenhang steht. Beweismittel ist der Gegenstand, der eine solche Tatsache erweisen kann. Beweisaufnahme ist die Einführung dieser Gegenstände in die Hauptverhandlung und Beweisgrund ist das Ergebnis der Beweistätigkeit.

VII. Das Beweismittel des Indizienbeweises

1. Wie beim Beweis durch die Aussage von Personen das Beweismittel die Person, die Beweisaufnahme ihre Aussage ist, so liegt es auch beim Augen-

---

[43] Geppert, S. 164.

[44] Geppert, S. 164.

[45] Geppert, S. 165: Die Bezeichnung direkter-indirekter Beweis kann keinen sachlichen materiellen Wert haben und nur die Nähe zum Beweisthema bezeichnen, folgert Geppert. Deshalb ist der Grundsatz der Unmittelbarkeit in dieser Frage nicht zu verbinden, so Geppert, S. 166.

[46] Geppert, S. 166; Eb. Schmidt I, Rdn. 445.

[47] Beim Indizienbeweis ist Beweisthema nicht die Tatsache, die unter einen bestimmten Rechtssatz subsumiert werden soll, sondern ein Umstand, der erst in Verbindung mit anderen einen Schluß auf das Vorliegen der rechtserheblichen Tatsache zuläßt. Insoweit besteht zwischen direktem und indirektem Beweis ein struktureller Unterschied, so Tenckhoff, S. 139.

[48] Nach Grünwald, FS Honig, S. 59 ff.: Im Indizienbeweis entspricht die Indizienkette den verschiedenen Beweismitteln und die Kette von Schlüssen den nötigen Teilwürdigungen. Die Zahl der Glieder der Kette von Schlüssen bis zu der unmittelbar relevanten Tatsache ist in diesem Fall geringer als in den anderen.

scheinsbeweis. Das Augenscheinsobjekt ist das Beweismittel[49], seine Benutzung, die sog. Augenscheineinnahme, ist die Beweisaufnahme[50, 51].

Gegenstand des Beweises sind, wie sonst, so auch hier, entweder direkt rechtserhebliche oder indizierende Tatsachen, die einen Rückschluß auf die direkt rechtserheblichen Tatsachen gestatten. Gerade bei den Augenscheinsobjekten spielt der Indizienbeweis praktisch eine große Rolle.

Auch die Indizien — genauer die indizierenden Tatsachen — sind danach im Prozeß Gegenstand des Beweises, Beweisthema, nicht Beweismittel[52]. Beweismittel sind vielmehr auch hier die Personen oder Sachen, durch deren Aussage bzw. Verwertung der Beweis des Vorliegens der indizierenden Tatsache[53] erbracht wird. Die indizierende Tatsache muß wie jede relevante Tatsache bewiesen werden[54]. Dazu werden Personen oder Sachen herangezogen. Die relevante Tatsache muß bewiesen werden[55], genauso wie die rechtserhebliche Tatsache[56].

Die bewiesene Tatsache des indirekten Beweises wird dann als Ergebnis der Sachverhaltsermittlung der richterlichen Beweiswürdigung zugeführt[57].

2. Ist aber zwischen Indiz und indizierender Tatsache zu unterscheiden, so ist es auch möglich, zwischen Beweismittel und Beweisthema zu unterscheiden.

Im indirekten Beweis haben wir aber nicht nur Personen oder Sachen, die als Beweismittel benutzt werden, sondern auch Umstände und Akte, die eine indizierende Tatsache erweisen können.

Die Interpretation der Beweismittel als Objekte muß mithin eine besondere Erläuterung erfahren. Objekte oder Gegenstände, also Beweismittel, können auch Umstände und Akte sein. Quelle einer indizierenden Tatsache können Umstände und Akte sein. Die Interpretation der Beweismittel als die Form von deren Einführung in die Hauptverhandlung braucht dann auch eine Erläuterung. Die indizierende Tatsache, wenn sie aus einem Umstand oder Akt entsteht, kann aus

---

[49] v. Hippel. Der Deutsche Strafprozeß 1941, S. 427: „Diese Einsicht wurde erst in neuerer Zeit errungen, während man früher, unklar, den ‚gerichtlichen Augenschein', also die gerichtliche Kenntnisnahme, als das Beweismittel bezeichnete", führt er fort.

[50] Die als Beweismittel verwertbaren Gegenstände bezeichnet man mit dem Sammelnamen Augenscheinsobjekte, eine geschichtliche Benennung a potiori, bei der an die Besichtigung als Mittel der Kenntnisnahme gedacht werde, sagt v. Hippel, S. 426.

[51] Bei nichtrichterlichen Augenscheinseinnahmen nimmt die herrschende Ansicht mangels Verlesbarkeit des Protokolls die Zulässigkeit der Vernehmung des betreffenden Beamten als Zeugen an, v. Hippel, S. 429, über die Nichtbeachtung der Unmittelbarkeit, S. 428.

[52] v. Hippel, S. 380.

[53] Die indizierende Tatsache kann nicht Beweismittel sein, denn sie ist das Beweisthema des indirekten Beweises. Beweismittel ist das Objekt, das Indiz, v. Hippel, S. 380.

[54] LR-Gollwitzer, § 261 Rdn. 61, 62, 114.

[55] Volk, NStZ 1983, 423.

[56] Aber nicht alle Indizien liegen im Bereich der Tat, Volk, NStZ 1984, S. 378.

[57] v. Hippel, S. 381.

H. Indizienbeweis

der Verhandlung im allgemeinen und nicht nur aus einer Form der Beweisaufnahme stammen[58]. Das Vorbringen einer Einrede, das Geltendmachen eines Rechts, die Erscheinung der Personen[59] und der damit verbundene Eindruck des Richters[60] können als Basis eines Indizes verwendet werden, obwohl sie den Formen der Beweisaufnahme nicht angehören[61].

3. Ist man nun der Auffassung, daß Indiz und indizierende Tatsache dasselbe sind oder beim Indizienbeweis die indizierende Tatsache von Bedeutung ist, dann fragt man sich, ob wir kein Beweismittel haben.

In dem Fall kann man alle Auffassungen vertreten. Eines ist sicher, nämlich die Funktionsfähigkeit der indizierenden Tatsache ist Erkenntnisquelle für die Überzeugungsbildung.

VIII. Ergebnis

1. Der Indizienbeweis deckt sich mit der ganzen Hauptverhandlung und überspringt die Beweisaufnahme. Er deckt sich mit dem Begriff der Verhandlung im Sinne des § 261 StPO oder der Beweisaufnahme im weiteren Sinne. Der Indizienbeweis ist deswegen ein selbständiger Beweis, weil er sich nicht mit der förmlichen Beweisaufnahme identifizieren läßt.

2. Den Eindruck[62], den eine bestimmte Tatsache im Geiste des Beurteilenden hervorzurufen vermag, wie dies bei den Indizien geschieht, muß man abgrenzen können. Wir wissen alle, wie groß die Wirkung und der Einfluß dieses Elementes beim Urteilen ist. Deswegen sollte man geneigt sein, die Indizien den Beweismitteln zuzuordnen, statt das Umgekehrte zu tun.

3. Dies ist insoweit dringend, als eine Fülle von Tatsachen, wie die subjektiven und die normativen Tatbestandsmerkmale, auf die die Richter angewiesen sind, der herrschenden Lehre nach keine beweisbedürftigen[63], sondern nur bewertungsbedürftige Tatsachen sind.

4. Man könnte wohl bemerken, daß die erwähnten Fälle von Tatsachenfeststellungen, die außerhalb der Beweisaufnahme und deren Feststellungsformen stehen, wenn man von der Erscheinungsform der übrigen Prozeßsubjekte absieht, nur

---

[58] Insbesondere, wenn es sich um eine mit der Persönlichkeit des Beschuldigten verbundene Tatsache handelt.

[59] Der Richter muß alle Erkenntnisse und alle in der HV zu Tage getretenen Umstände zur Bildung seiner Überzeugung heranziehen und erschöpfend würdigen, LR-Gollwitzer, § 261 Rdn. 56, 60, BGH 12, 315.

[60] Vgl. LR-Gollwitzer, § 261, Rdn. 15, 16.

[61] Indizien sind also Sachen, Personen, Tatsachen, Eindrücke, vgl. LR-Gollwitzer, § 244 Rdn. 11.

[62] Vgl. oben IV. 2.

[63] Kindhäuser, Rohe Tatsachen und normative Tatbestandsmerkmale, Jura 1984, S. 471, ders., ZStW 96, 5.

Randerscheinungen darstellen. Denn sie betreffen nur einen Teil der Indizien, nämlich die aus der ganzen Hauptverhandlung herstammenden und die Eindrücke oder die Imponderabilien.

Insoweit könnte man sagen, daß die Beweisformen ihre Aussagekraft behalten und nur einige Schönheitsfehler korrigiert werden müssen. Wer aber die Hauptverhandlung als Einheit betrachten will, die die Basis der Überzeugungsbildung nach § 261 StPO darstellt, kann dies mit den vorhandenen Beweisaufnahmeformen nicht vereinigen. Manche Prozeßhandlungen in der Hauptverhandlung haben mit den Beweisaufnahmeformen nichts zu tun. Die verbleibende Kraft der Formenlehre besteht in der richtigen Ansicht, daß die Beweisergebnisse durch geregeltes Verfahren gefunden werden müssen. Dieses Ziel ist aber mit der heutigen Regelung, die unvollständig ist, nicht voll zu erreichen.

Diese Arbeit ist nicht gegen die Formenlehre geschrieben. Sie beabsichtigt nur ihre Vervollständigung zu erreichen.

Die Betonung der Ausweitung des Beweismittelbegriffs, der nunmehr die Formen und nicht die Objekte beinhaltet, hat bestimmt hierzu beigetragen, da die Formen keine in Einzelheiten gehende Regelung enthalten, insbesondere soweit es nicht materiellen Gehalt betrifft, auch wenn noch einiges ungeregelt geblieben ist (Sachbeweis, Urkundeninhalte, Augenscheinsergebnisse, Eindrücke).

Es wäre auch einfach zu sagen, daß die Beweismittel (als Objekte) unbeschränkt sind, aber deren Behandlung den Formen des Gesetzes folgen muß.

Die Vorteile der Formenlehre werden nur dann völlig ausgenutzt, wenn alle Ergebnisse der Sachverhaltsfeststellungen, die zur Überzeugungsbildung beitragen können, einbezogen werden.

Teil 3

Besondere Fragen

I. Überzeugungsbildung und freie Beweiswürdigung

I. Einleitung

Conviction intime und Überzeugungsbildung wörtlich betrachtet, können die ganze Entscheidungsbildung umfassen, d. h. sie betreffen Tat- und Rechtsfrage, Tatsachenfeststellung und Rechtsanwendung. Beide Begriffe sind nicht verbunden mit einem Abschnitt der Verhandlung, so daß sie sich auf den ganzen Schuldspruch beziehen können.

Die freie Beweiswürdigung, welche conviction intime und Überzeugungsbildung ersetzt hat, enthält eine Präzisierung, die als Einschränkung funktionieren kann. Sie bezieht sich auf die Würdigung der Beweise.

Es wird demzufolge die Frage aufgeworfen, ob beide Begriffe als identisch betrachtet werden sollen oder ob sie verschiedene Abschnitte wiedergeben.

Die Frage kann nur dann beantwortet werden, wenn man zuerst die Phasen der Rechtsanwendung vor Augen hat.

II. Die Phasen der Rechtsanwendung

Die Rechtsanwendung, die zu einer Entscheidungsbildung führen kann, setzt folgende Phasen voraus:

Auswahl der einschlägigen Norm; Interpretation bzw. Konkretisierung der Rechtsnorm; Feststellung der Tatsachen; Anwendung der Norm auf die festgestellten Tatsachen.

Voraussetzung dieser Phasen[1] ist die Feststellung eines Sachverhalts[2] und die folgende Auswahl der einschlägigen Norm[3]. Die Anwendung der Rechtsnorm auf die festgestellten Tatsachen (Subsumtion) setzt die Annäherung beider Be-

---

[1] Dedes, Revision, S. 111 ff.
[2] Vgl. Küper, Richteridee, S. 13 ff.
[3] Diese Arbeit kann mehrmals bis zur endgültigen Entscheidung stattfinden.

zugspunkte, d. h. der Rechtsnorm und der Tatsachen voraus. Sie kann Tatsachenfeststellungen und Konkretisierung der Rechtsnorm enthalten.

Für die Rechtsanwendung im weiteren Sinne kommen also folgende Phasen in Betracht:

Tatsachenfeststellung, Auswahl der Norm, Bearbeitung des festgestellten Sachverhalts, Interpretation bzw. Konkretisierung der Rechtsnorm, Subsumtion, Ergebnis = Spruch.

III. Die Gleichsetzung von conviction intime und Überzeugungsbildung

Conviction intime und Überzeugungsbildung umfaßten den ganzen Schuldspruch, weil sie auf dem natürlichen, d. h. juristisch unbeeinflußten Menschenverstand basierten[4]. Die Frage, ob der Angeklagte schuldig oder nicht schuldig sei, soll als eine bloße Tatfrage[5] beurteilt werden[6].

IV. Die freie Beweiswürdigung und die Überzeugungsbildung

Der Begriff der freien Beweiswürdigung wurde im deutschen Raum vorgezogen und hat den Begriff der Überzeugungsbildung ersetzt. Beide Begriffe werden als gleiche betrachtet und behandelt.

1. Läßt man diese geschichtliche Überlieferung beiseite, wird diese Gleichsetzung fraglich. Denn die Beweiswürdigung kann mit dem ganzen Schuldspruch nur mit Schwierigkeiten gleichgestellt werden. Die Beweiswürdigung betrifft die Feststellung der Tatsachen, während der Schuldspruch eine Rechtsanwendung voraussetzt. Außerdem setzt sich die Rechtsanwendung aus mehreren Phasen zusammen, wie schon oben gesagt worden ist.

2. Von diesen vier Phasen[7] der Rechtsanwendung und Entscheidungsbildung kann der Begriff der freien Beweiswürdigung ohne Zweifel die erste Phase, d. h. die Tatsachenfeststellung[8], umfassen.

Für die zweite Phase gibt es Meinungsverschiedenheiten, da die Konkretisierung der Norm, die wie bei der Interpretation unbestimmter Begriffe, sehr oft auf vorbestimmte soziale Wertungen angewiesen ist[9], mit der Ansicht einer freien Beweiswürdigung nicht in Einklang gebracht werden kann[10].

---

[4] Vgl. Küper, FS Peters, S. 28.
[5] Küper, a. a. O.
[6] Der Laienrichter hatte die Befugnis, in gewissem Umfang auch Recht zu sprechen.
[7] Vgl. Dedes, Revision, S. 125.
[8] Vgl. Küper, S. 18.
[9] Küper, a. a. O.

Die dritte Phase, d. h. die Interpretation der Rechtsnorm, wie auch die vierte Phase, d. h. die Subsumtion und das anschließende Ergebnis, haben mit der Beweiswürdigung wenig zu tun und können nur als Rechtsanwendung charakterisiert werden. Die dritte und vierte Phase gehören somit der Rechtsfrage an.

3. Die freie Beweiswürdigung kann mit der Überzeugungsbildung[11] gleichgestellt werden, wenn man beide Begriffe im weiteren Sinne betrachtet und sie trotz ihrer grammatikalischen Unterschiede als gleichnamige versteht.

In der Tat tendiert die einschlägige geschichtliche Überlieferung auf die Ersetzung des Begriffs der Überzeugungsbildung durch die freie Beweiswürdigung, d. h. auf die Gleichsetzung beider Begriffe[12].

4. Die letzten Arbeiten über die freie Beweiswürdigung teilen, wie mir scheint, diese Ansicht nicht. Sie verstehen den Begriff der Beweiswürdigung als Beweiswürdigung und nicht als Entscheidungsbildung. Der Begriff der Beweiswürdigung hat nun seine Selbständigkeit erlangt und scheint von seiner überlieferten Interpretation befreit zu sein.

V. Weitere Schwierigkeiten einer Gleichsetzung

Laienspruch und Richterspruch weisen wesentliche Unterschiede auf. Die Rechtsanwendung des Laienrichters ist auf seine intime conviction gegründet, während die Rechtsanwendung des Berufsrichters auf der juristischen Auslegung und Methodik gegründet sein muß. Deswegen kann die berufsrichterliche Tätigkeit nicht als eine freie Tätigkeit verstanden werden. Der Schuldspruch des Berufsrichters ist im großen und ganzen keine freie Tätigkeit.

Nur die Würdigung der Beweise steht ihm einigermaßen frei.

J. Direkter und indirekter Beweis

I. Einleitung

Wir unterscheiden unmittelbaren (direkten) und mittelbaren (indirekten Indizien) Beweis, sagt Henkel[1]. Was diese Unterscheidung betrifft, so wird folgendes angeführt: „Der Beweis ist ein direkter, wenn er sich auf eine entscheidungserheb-

---

[10] Nur wenn man die Bearbeitung des Stoffes als Feststellung von Tatsachen betrachtet.

[11] Conviction intime und Überzeugungsbildung sind gleich, aber beide umfassen etwas mehr als die freie Beweiswürdigung. Vgl. Dedes, Revision, S. 114; Larenz, Methodenlehre, S. 211.

[12] Vgl. Küper, FS Peters, S. 23 ff., 45. Er spricht von freier Überzeugung, richterlicher Überzeugung oder freier Beweiswürdigung.

[1] Henkel, S. 266.

liche Tatsache richtet, ein indirekter, wenn er auf den Umweg über die Feststellung von Indizien geführt wird ..."[2].

II. Die Kriterien der Unterscheidung

1. Die Richtung bzw. das Beweisthema der Beweistätigkeit bestimmt nach der ersten Auffassung die Eigenschaft des Beweises als eines direkten oder indirekten.

2. Kriterium der zweiten Auffassung ist das Ergebnis der Beweistätigkeit. Die Verhandlung schließt alle Beweisgänge und Beweisarten ein. Die Sachverhaltsfeststellung beginnt mit der Prüfung der verschiedenen Beweise. Erst a potiori, d. h. vom Ergebnis her, kann man sagen, ob wir einen direkten oder indirekten Beweis erlangt haben[3].

III. Die Richtung der Beweistätigkeit

1. Die Richtung der Beweistätigkeit ist ex ante nur vage und mittelbar angegeben. Sie ist (stillschweigend) durch das historische Geschehnis der Anklage bestimmt.

Die Beweistätigkeit ist deswegen nur auf vermeintliche Punkte eines Beweisthemas gerichtet[4].

Die Beweise sind jedoch nicht dazu da, die Anklage entweder zu bejahen oder zu verneinen, sondern das Auffinden der Wahrheit zu ermöglichen.

Daß eine ausdrückliche Bestimmung über die Beweispunkte fehlt, bereitet Schwierigkeiten beim Kriterium der Richtung.

Die Tatsache, daß der Richter versuchen wird, einen direkten Beweis zu erlangen, reicht gewiß nicht aus. Daß der Vorsitzende durch die Einsichtnahme der Akten schon weiß, was jedes Beweismittel ungefähr ergeben kann, ist auch keine feste Basis für eine solche Unterscheidung. Quellen außerhalb der HV können übrigens nur ausnahmsweise verwendet werden[5].

2. Nicht selten kristallisiert sich erst später heraus, wie ein Beweisobjekt zur Überzeugungsbildung verwendet wird und was für ein Beweisergebnis sich aus jedem Beweismittel ergibt.

---

[2] Henkel, S. 266.
[3] So richtig v. Hippel, S. 426.
[4] Es wäre inkonsequent zu sagen, daß die Qualifikation das Thema angibt, wenn man bedenkt, daß die rechtliche Qualifikation keine feste Komponente des Prozeßgegenstandes bildet, vgl. § 264 Abs. 2.
[5] Er muß auch die Entwicklung der HV abwarten.

Die Richtung der Beweistätigkeit[6] kann insoweit keinen sicheren Aufschluß über die Eigenschaft des Beweises als eines direkten oder indirekten geben.

Dies ist nur in den wenigen Fällen möglich, in denen im Laufe des Verfahrens so etwas bestimmt werden kann[7]. Man kann deswegen im voraus nur selten sagen, daß eine Beweistätigkeit dem direkten oder indirekten Beweis angehört.

3. Nur wenn man sich vorstellt, daß jeweils das Thema des nachfolgenden Beweisaktes bestimmt ist, kann zur Unterscheidung auf die Richtung der Beweistätigkeit abgestellt werden[8].

Dies wird aber in der Realität selten geschehen. Man läßt den Zeugen aussagen, was er auszusagen hat. Erst während der Aussage kann man durch Fragen die Punkte herausfiltern, die von Bedeutung sind und zu den erheblichen Tatsachen führen.

4. Diese Ausführungen gelten auch für die parallele Auffassung, nach der das Kriterium im Beweisthema zu finden ist. Denn genauso verhält es sich mit dem Beweisthema. Die Aufnahme der Beweismittel bezieht sich auf die angeklagte Tat, ohne — normalerweise — ausdrückliche Bezugnahme auf bestimmte Tatsachen.

IV. Das Ergebnis der Beweistätigkeit

1. Aus dem Ergebnis der Beweistätigkeit könnte man eine solche Differenzierung herleiten. Wer das Ergebnis des Beweises vor sich hat, kann auf die Frage des direkten oder indirekten Beweises antworten.

Die Antwort betrifft aber das Ergebnis und nicht den Beweisgang und insbesondere nicht die Beweismittel. Diese gehören dem regelmäßigen, realen Beweisgang an, der normalerweise alle Beweisarten inkorporiert.

2. Die Unterscheidung ist leicht durchzuführen, wenn das Ergebnis klar festzustellen und einfach ist. Wenn sich aber aus einem Beweismittel direkte und indirekte Ergebnisse und aus dem nachfolgenden Beweismittel Resultate anderer Art ergeben, was auch mit den übrigen Beweismitteln stattfinden kann, wird eine Unterscheidung von direkten und indirekten Beweisen schwer durchzuführen sein.

Derselbe Beweisgang und dasselbe Beweismittel können dann gleichzeitig zum direkten und zum indirekten Beweis führen und dieselbe Prozeßhandlung[9],

---

[6] Die während der Verhandlung nur zu vermuten ist.
[7] Vorausgesetzt, daß die Situation bis zur Überzeugungsbildung nicht geändert wird.
[8] Vorausgesetzt, daß es auf das Ergebnis gar nicht ankommt. Denn sonst soll man das Ergebnis des Beweisaktes abwarten.
[9] Man kann also zwischen dem Ergebnis des Beweisganges, des Beweismittels, des Prozeßaktes und der Endwürdigung bzw. der Überzeugungsbildung differenzieren.

wie z. B. eine Zeugenvernehmung, kann beide Beweisarten inkorporieren. In dem Fall kann man erst in der Beweiswürdigung die Frage beantworten, ob wir vor einem direkten oder indirekten Beweis stehen.

V. Die Unterscheidung und die StPO

1. Der Beweis ist auf die Feststellung der erheblichen Tatsachen gerichtet und wird durch die Einführung des Beweismaterials (Beweisaufnahme) geführt.

Beweisgang aber auch Beweisart sind ex ante selten zu unterscheiden. Denn ein- und dasselbe Mittel kann einen direkten oder indirekten Beweis oder beides erbringen. Dies erfordert auch die Prozeßökonomie. Würde im voraus bestimmt, welche rechtserhebliche Tatsache als Beweisthema gestellt wird, müßten alle Beweisobjekte herangezogen werden. Dasselbe Verfahren müßte dann über jede erhebliche Tatsache wiederholt werden. Die lange Dauer der Prozesse würde sich weiter verlängern. Am Ende würde man sich kaum noch daran erinnern, welches das Ergebnis der Beweistätigkeit ist.

Es ist deswegen einfacher, jedes Objekt, jedes Beweismittel prinzipiell nur einmal dem Richter vorzustellen, statt es wiederholt und für jede erhebliche Tatsche getrennt von neuem vorzustellen.

Diese Lösung wird in der Tat von der StPO vorgezogen. Die Beweismittel werden normalerweise nicht nach Beweisthema eingeteilt. Die Aufnahme jedes einzelnen Beweismittels ist prinzipiell eine gesonderte und einmalige Prozeßhandlung[10].

Der Vorsitzende bestimmt die Reihenfolge[11] der Beweismittel des Falles nach seinem Ermessen, und eine nochmalige Aufnahme desselben Beweismittels ist selten.

2. Es sind aber nicht nur Gründe der Prozeßökonomie, die für diese Lösung sprechen. Eine Einteilung der Beweistätigkeit nach Beweisthema ist sehr oft nicht durchführbar. Denn die Anklage ist kein fest umrissenes Geschehen. Die Umstände der Tat ändern sich unaufhörlich. Man müßte deswegen jede Minute die erheblichen Tatsachen nach den Umständen der Tat neu überprüfen[12] und eventuell neu bestimmen. Dies würde zur Konsequenz haben, daß alle Beweismittel von Anfang an neu zur Verhandlung gebracht werden sollten. Ein kaum befriedigendes Ergebnis.

---

[10] So § 257 StPO (1). Nach der Vernehmung eines jeden Zeugen, Sachverständigen oder Mitangeklagten sowie nach der Verlesung eines jeden Schriftstückes soll der Angeklagte befragt werden, ob er dazu etwas zu erklären habe. (2) Auf Verlangen ist auch dem Staatsanwalt und dem Verteidiger nach der Vernehmung des Angeklagten und nach jeder einzelnen Beweiserhebung Gelegenheit zu geben, sich dazu zu erklären.

[11] Vgl. § 238.

[12] Vgl. §§ 261, 264 Abs. 1.

3. Die entsprechende Lösung der ZPO ist deswegen durchführbar, weil die bestrittenen Tatsachen schon bekannt und von den unbestrittenen Tatsachen getrennt werden können. Was als bestritten übrig bleibt, kann der Richter zum Beweisthema erheben[13].

4. In der StPO ist wegen der Geltung der Instruktionsmaxime[14] eine solche Unterscheidung schwer durchzuführen. Alle Tatsachen des Falles müssen bewiesen werden. Der Fall ist nicht wie im Zivilprozeß durch die vorgebrachten Tatsachen und den gestellten Anspruch fest umrissen. Im Strafprozeß müssen alle möglichen Tatsachen des historischen Geschehens und alle möglichen Qualifikationen geprüft werden[15]. Ein sehr oft unzumutbares Verlangen[16].

Die Einordnung der richterlichen Tätigkeit nach dem Beweisthema ist in der HV nicht praktikabel. Die Einzelheiten für die Verwirklichung einer solchen Lösung, wie z. B. Festsetzung der unter Beweis stehenden erheblichen Tatsachen, der Zeitpunkt einer solchen Entscheidung, Beschwerde etc.[17], würden eine solche Lösung zum Scheitern führen.

5. Daß der Richter trotzdem einen Fragenkreis nach der angeklagten Tat, die das Beweisthema bildet, vorbereitet und sehr oft den Prozeßbeteiligten unterbreitet, hat nur den Sinn einer Orientierung, einer Richtschnur. Die Beweismittel erscheinen in der Reihenfolge, die der Vorsitzende bestimmt hat. Die übrige Beweistätigkeit wird dadurch nicht abgeändert oder beeinträchtigt.

Eine Einordnung der Probleme ist eine informelle Ordnung und keine formelle Aufstellung eines Beweisthemas, die die Art der weiteren Beweistätigkeit bestimmt oder sogar bindet.

VI. Ergebnis

1. Die Unterscheidung zwischen direktem und indirektem Beweis ist also nicht leicht durchzuführen. Viele bezeichnen sie als eine bloße theoretische Unterscheidung. Damit wird auf die Schwierigkeiten seiner Durchführung in allen Fällen hingewiesen.

Die Antwort kann hauptsächlich ex post oder mindestens im Laufe des Beweises gegeben werden.

Der Beweis beginnt regelmäßig mit der Einführung der Beweise, mit der Aufnahme der vorhandenen Beweismittel des Falles, die der Richter ausschöpfen muß, ohne vorher bestimmt zu haben, ob der Prozeß dem direkten oder indirekten

---

[13] Vgl. § 358 ZPO.
[14] Vgl. § 244 Abs. 2.
[15] Vgl. § 264.
[16] So z. B. Henkel.
[17] Vgl. die einschlägigen Bestimmungen der StPO.

88   Teil 3: Besondere Fragen

Beweisgang folgen oder sich auf bestimmte Tatsachen konzentrieren wird. Zur Debatte steht das ganze historische Geschehnis. Die Beweismittel werden vom Richter nach allen Richtungen hin ausgeschöpft.

Wenn also bei Beweisgang und Beweismittel normalerweise nicht im voraus bestimmt werden können, ob sie einem direkten oder indirekten Beweis angehören, kann eine solche Unterscheidung erst im Laufe des Verfahrens oder vom Ergebnis her durchgeführt werden.

2. Eine im früheren Stadium stattfindende Unterscheidung würde Zweifaches voraussetzen:

Erstens: Die Aufstellung eines Beweisthemas bzw. einer konkreten Tatsache.

Zweitens: Das Wissen um den Inhalt der Aufnahme eines jeden Beweismittels.

Da das Zusammentreffen beider Voraussetzungen selten ist, kann diese Unterscheidung erst im Laufe des Prozeßaktes durchgeführt werden.

Die Gegenstände, die als Beweismittel benutzt werden, sind Beweismittel für alle Beweisarten und -gänge[18].

3. Das Beweisverfahren ist ein- und dasselbe. Die Beweisgänge oder -arten sind nur theoretische[19] Unterscheidungen, abgesehen von einigen Ausnahmen, denn sie alle führen zum selben Ziel[20] und haben dieselbe Funktion der Überzeugungsbildung[21].

Es wird gesagt, die Richtung der Beweistätigkeit bestimme die Eigenschaft des Beweisganges als eines direkten und indirekten.

Die Richtung ist aber nicht als etwas Vorgegebenes anzusehen (z. B. als aufgestelltes Beweisthema, wie es in der ZPO zu finden ist).

Als Richtung soll die jeweilige Entwicklung des Beweisganges im Laufe der Beweisaufnahme oder sogar im Laufe der Aufnahme eines jeden Beweismittels dienen. Das jeweilige Resultat des jeweiligen Beweisaktes bestimmt die Eigenschaft des Beweisganges. Das Kriterium der Unterscheidung ist also ein gemischtes Gebilde von Richtung und Ergebnis der Beweistätigkeit.

---

[18] Ähnliches geschieht mit der Unmittelbarkeit. Die Beweisaufnahme kann unmittelbar oder mittelbar geführt werden, sagt v. Hippel S. 427. Unmittelbar, wenn das Augenscheinobjekt selbst in der HV durch das erkennende Gericht verwertet wird. Mittelbar, wenn in der HV an Stelle des Augenscheinobjektes entweder Protokolle über frühere Beweisaufnahmen benutzt werden oder die Aussage von Personen über die von ihnen an dem Objekt früher gemachten Wahrnehmungen.

[19] So im Zivilprozeßrecht, Rammos, Zivilprozeßrecht II 1980, S. 718, vgl. S. 716.

[20] Rammos, S. 716.

[21] Im Gegensatz zum Zivilprozeß, in dem der Indizienbeweis nur im bestimmten Umfang und unter bestimmten Voraussetzungen anerkannt ist, Rammos, S. 718, ist in der StPO der Indizienbeweis ohne Einschränkung erlaubt. Er geht weiter als der direkte Beweis, denn er inkorporiert Elemente aus der ganzen HV.

Es muß auch betont werden, daß diese Eigenschaft keine endgültige Aussage enthält. Denn die Verwendung des Beweismaterials kann nur während der Überzeugungsbildung endgültig bestimmt werden.

K. Numerus clausus oder numerus apertus der Beweismittel

I. Einleitung

Die Wiedereinführung[1] des Systems[2] der freien Beweiswürdigung nach der französischen Revolution hat die Wiedereinführung des numerus apertus[3] der Beweismittel mit sich gebracht. Denn freie Beweiswürdigung bedeutet zweierlei:

Erstens, liberté de la preuve = Freiheit der Beweisführung und zweitens conviction intime = freie Beweiswürdigung.

Dies ist die einhellige Meinung in Frankreich, Italien, Österreich, Spanien, Griechenland und anfänglich auch in Deutschland.

II. Freiheit oder Gebundenheit der Beweisführung

Eine in Einzelheiten gehende Beschreibung und Analyse beider Systeme ist bis heute nie versucht worden. Man begnügt sich mit der Gegenüberstellung beider Systeme. Dabei beschreibt das eine System die Einführung und Zulassung der einzelnen Objekte, Gegenstände, Personen als Beweismittel, deren Würdigung vorausbestimmt ist, während das andere die meisten Zulassungsvoraussetzungen abgeschafft hat und Zulassung und Würdigung getrennt und prinzipiell frei sind.

Die Abschaffung der meisten Zulassungsvoraussetzungen hat zur „Freiheit der Beweisführung" geführt. Jede Quelle von Informationen kann in die Verhandlung eingebracht werden. Es bestehen keine speziellen Voraussetzungen für die Einführung eines jeden konkreten Objektes, die mit seiner Würdigung verknüpft wären. Die Würdigung der Beweise obliegt dem Richter.

Dies ist eine Prinzipienaussage, die in jedem einzelnen Fall konkretisiert werden soll. Die Konkretisierung kann nur anhand des gesetzten Rechts erfolgen. Das Ingangsetzen eines Verfahrens bedeutet Setzen von Voraussetzungen. Die Freiheit der Beweisführung kann also durch bestehendes Recht verstanden werden.

---

[1] Denn die freie Beweiswürdigung hat bei allen alten Völkern als Beweissystem gegolten. Dedes, GedS Kaufmann, S. 932, Anm. 34.

[2] Es handelt sich um ein Beweissystem und nicht nur um eine Würdigungsmethode. Dazu Dedes, a. a. O.

[3] Quintano-Rippollés, ZStW 72 / 618 ff.

Während folglich im System der gesetzlichen Regeln der Richter nur so vorgehen darf, wie es die gesetzlichen Regeln vorsahen, darf der Richter im System der freien Beweiswürdigung sich frei bewegen, wenn es die gesetzten Regeln nicht anders anordnen. Denn diese Freiheit bedeutet keine Loslösung von jeglicher Normierung. Wird nichts anderes angeordnet, so ist die Zulassung und Einführung jeglicher Objekte, Dinge, Gegenstände und Personen als Beweismittel möglich. Die Verwertung aller Beweisobjekte ist möglich. Im Bereich der Würdigung genießt der Richter eine entsprechende Freiheit und kann seine Überzeugung auf bestimmte Beweise stützen.

Freiheit der Beweisführung bedeutet also prinzipielle Freiheit von Zulassungsvoraussetzungen, aber nicht Loslösung von jeglicher Normierung. Die Freiheit der Beweisführung erstreckt sich also nur soweit, als nichts anderes vorgesehen ist.

III. Freiheit oder Gebundenheit der Beweisaufnahme

Die in diesem Sinne verstandene Freiheit der Beweisführung führt zur Freiheit der Beweisaufnahme. Wenn jedes Objekt im Prozeß als Beweisobjekt eingeführt werden darf, besteht Freiheit auch für die Beweisaufnahme. Es gibt nämlich keine Einschränkung für die Aufnahme von Beweisobjekten, soweit es anders nicht vorgesehen ist. Die Aufnahme aller Objekte ist prinzipiell frei. Sie brauchen nicht numeriert oder klassifiziert zu werden. Dies bedeutet wiederum nicht, daß hier ohne Prozeßvoraussetzungen verhandelt werden kann. Einen Prozeß ohne Prozeßvoraussetzungen kann es nicht geben. Die Beweisaufnahme als Teil der Hauptverhandlung muß die Regelungen für die HV und die Bestimmungen zur Durchführung der konkreten Prozeßhandlung beachten.

Die HV ist eine öffentliche, mündliche und unmittelbare Verhandlung des Gegenstandes, die sich auf einander folgende Prozeßakte stützt.

IV. Freiheit oder Gebundenheit der Prozeßakte

Der Freiheit der Beweisaufnahme entsprechend sind die Prozeßakte nur beispielhaft angegeben und erwähnt[4].

Nach Art. 239 § 2 der gr. StPO „Während der Untersuchung ist alles zu tun, was zur Aufklärung der Wahrheit behilflich sein kann ...".

Nach Art. 248 § 1 „Der Untersuchungsrichter führt alle Untersuchungshandlungen durch, die nach seinem Ermessen nötig sind ...".

---

[4] Dedes, Strafverfahrensrecht, 6. Aufl., S. 374. Die Untersuchungshandlungen wie auch die Prozeßakte sind nicht abschließend erwähnt.

K. Numerus clausus oder numerus apertus der Beweismittel

Nach Art. 251 „... müssen, ohne Zeitverzögerung, Informationen über Straftat und Täter sammeln, Zeugen vernehmen, Augenscheineinnahme an Ort und Stelle ... Durchsuchungen durchführen ... Stücke sicherstellen und im allgemeinen alles Nötige für das Sammeln und Bewahren der Beweise und das Sicherstellen der Spuren des Verbrechens unternehmen".

Die Begriffe „alles tun" oder „das Nötige tun" beschreiben die Freiheit des Untersuchungsorgans, nach seinem Ermessen zu handeln[5]. Diese Handlungsfreiheit ist nur im Rahmen der bestehenden Normierung zu verstehen. Die nötigen Prozeßakte müssen den vorgeschriebenen Prozeßvoraussetzungen genügen.

Prozeßakte dürfen nur vom Untersuchungsorgan vorgenommen und durchgeführt werden. Sie müssen niedergeschrieben und protokolliert werden. Die bedeutendsten Prozeßakte, wie z. B. die Zeugenvernehmung, sind eingehend normiert, während andere, wie Durchsuchungen, Augenscheineinnahme, nur erwähnt werden. Für die letzteren besteht die allgemeine Verpflichtung, daß alle Prozeßakte niedergeschrieben werden müssen.

Ähnliches ist in der deutschen Literatur über die „Durchsuchungen" zu lesen. Was die Durchsuchungen betrifft, so waren und sind sie nicht abschließend angegeben. Das Ermittlungsorgan kann jede „nötige" Durchsuchung durchführen, obwohl sie nicht speziell vorgesehen und normiert ist. Das Ermittlungsorgan hat nur die allgemeinen Vorschriften der Durchsuchung, der amtlichen Sicherstellung usw. zu beachten[6].

V. Die Kritik von Krause

1. Die Frage, ob der Katalog der Beweismittel geschlossen ist oder nicht, birgt zwei Mißverständnisse:

a) Der Begriff Beweismittel wird verschieden ausgelegt. Nach der älteren Auffassung gibt dieser Begriff das Erkenntnismittel, die Quelle der Information wieder. Der Streit über die Aufnahme von Photographien, Skizzen und Tonbändern kreiste um die Frage, ob sie in den Prozeß aufgenommen werden können, wenn die Bestimmungen der StPO sie als Beweismittel nicht ausdrücklich erwähnen. Daraufhin hat richtig das RG gesagt (36, 55; 47, 235), die StPO kenne keinen geschlossenen Kreis von Beweismitteln, Beweismitteln im Sinne von Objekten[7].

---

[5] Die StA kann zur Sachverhaltserforschung Ermittlungen jeder Art vornehmen, sagt Roxin, § 37 C. Vgl. § 38 E das Beispiel einer Anklageschrift, in der als Beweismittel unter I Zeugen und unter II Verkehrsunfallskizzen angegeben werden.

[6] Roxin, § 35, insbesondere unter B II über die Razzia. Vgl. § 34 B II „Die Art der Sicherstellung ist der Praxis überlassen".

[7] Insoweit ist die Kritik von Krause, S. 82, fehl am Platze. Die Bezugnahme auf § 261 StPO ist auch richtig, weil dieser Paragraph das Prinzip der freien Beweiswürdigung zum Ausdruck bringt, dessen Inhalt auch die Freiheit der Beweisführung ist (nicht der Beweisaufnahme). Dazu Dedes, GedS Kaufmann, S. 930 ff.

b) Daß die Beweisobjekte so aufgeführt werden sollen, wie die Bestimmungen der StPO es vorsehen, ist eine andere Frage[8], die nicht umstritten ist, obwohl im konkreten Fall über die Art der Präsentation eines konkreten Objektes gestritten werden kann.

2. Daß die Rechtslehre die Annahme bestimmter weiterer, in der StPO nicht vorgesehener Beweismittel bis jetzt nicht vertreten hat[9], ist kein scharfes Argument. Insbesondere, sobald die Eigenständigkeit der Indizien als Beweismittel damit abgetan wird, sie seien selbst des Beweises bedürftige Tatsachen, die dem Gericht mit Hilfe „zulässiger"[10] Beweismittel in der Hauptverhandlung vorzuführen seien.

Dieser ganze Gedankenkomplex stellt in Wirklichkeit eine Mehrzahl von Fragen auf und gibt keine eigentliche Antwort.

3. Eine andere Frage ist, ob wichtige Gründe gegen die Erweiterung des Kreises der vorgesehenen Beweismittel sprechen[11]. Hier ist sofort zu klären, daß mit Beweismitteln nicht die Objekte, sondern die Formen der Präsentation gemeint sind[12].

a) Wenn also die in der StPO aufgeführten Beweismittel in der Hauptverhandlung nicht anders vorgeführt werden dürfen als in der bestimmten, für sie jeweils gesetzlich vorgeschriebenen Form, so besagt dies nicht, daß die Beweismittel, sondern daß deren Formen eingeschränkt sind.

b) Die Zulassung von im Gesetz nicht vorgesehenen Beweismitteln würde zu unhaltbaren Konsequenzen führen, nämlich der Gesetzesumgehung Tür und Tor öffnen[13]. Es wird aber folgendes bemerkt: „Die Bedeutung des gesetzlichen Katalogs der ‚zulässigen' (?) Beweismittel liegt in einem Zweifachen: In dem Zwang zur exakten Zuordnung (?) zu einem der im Gesetz aufgeführten Beweismittel und in der bindenden Festlegung der Form der Vorführung in der Hauptverhandlung sowie in der Gewährleistung der Justizförmigkeit der Beweisaufnahme"[14].

4. Eine exakte Zuordnung zu einem der im Gesetz aufgeführten Beweismittel ist, sehr oft bis zur Überzeugungsbildung, nicht einfach zu vollziehen. Denn das

---

[8] Die Freiheit der Beweisführung schließt die Formalitäten der Beweisaufnahme nicht aus. Die Förmlichkeit der Prozeßhandlungen ist etwas Anderes und gewiß Selbstverständliches.

[9] Krause, Der Urkundenbeweis, S. 83.

[10] Welche sind die zulässigen? Ein weiteres Indiz ist es nicht.

[11] Krause, S. 83 ff.

[12] Denn es wäre eine merkwürdige Inkonsequenz des Gesetzgebers, wollte er zwar für die praktisch wichtigsten Beweismittel strenge Vorschriften hinsichtlich ihrer Vorführung vor Gericht treffen, zugleich aber durch die schrankenlose Zulassung weiterer, formloser Beweismittel diese Rechtsgarantien in Frage stellen, Krause, S. 84.

[13] Krause, S. 85.

[14] Krause, a. a. O.

konkrete Objekt kann entsprechend der Würdigung als Urkunde oder Augenscheinsobjekt betrachtet werden.

5. Es gibt darüberhinaus keine bindende Festlegung der Form der Vorführung. Die Form der Vorführung kann gewechselt werden, entsprechend der Entwicklung des Beweisverfahrens und dem pflichtgemäßen Ermessen des Richters. Diese Form ist übrigens nicht festgelegt, was insbesondere die Verlesung der Urkunden und die Augenscheineinnahme der Objekte betrifft.

6. Von einer Justizförmigkeit im allgemeinen Sinne kann man gewiß sprechen, denn die StPO stellt die Normierung des Verfahrens dar. Von einer Förmigkeit in concreto ist nichts Besonderes zu spüren. Denn die Vorführung der Urkunden und anderer Objekte ist nicht geregelt. Es gelten die allgemeinen Vorschriften der HV und der Prozeßhandlung. Besondere Bestimmungen über die Vorführung von Urkunden und Objekten gibt es nicht. Die Verlesung der Urkunde ist die Konsequenz des Mündlichkeitsprinzips und die Einsichtnahme der Objekte die Konsequenz des Unmittelbarkeitsprinzips.

VI. Ergebnis

Die Absicht, die den numerus clausus der Beweismittel vertritt, ignoriert Elemente der HV, die außerhalb der Beweisaufnahme liegen und verschiebt Elemente, die sehr oft eine entscheidende Rolle für die Überzeugungsbildung spielen, wie das Erscheinen der Prozeßsubjekte auf die Ebene der Würdigung.

Dasselbe geschieht mit Elementen oder Ergebnissen anderer Prozeßakte, die keine ausdrückliche Konstatierung erfuhren, weil sie dem Bereich der Würdigung angewiesen sind und nach der numerus clausus Lehre keine besonderen Beweismittel sind. So z. B. mit dem Eindruck aus der Verlesung einer Urkunde oder einer Augenscheineinnahme.

Die Nichteinbeziehung dieser Elemente im Katalog der Beweismittel stellt eine wichtige Lücke für die Ansicht der numerus clausus Lehre dar und verletzt oder sabotiert die sogenannte Garantiefunktion dieser Lehre. Die Garantiefunktion sollte alles entscheidungswichtige Material einbeziehen und schützen. Wenn ein wichtiger Teil des Materials jedoch außerhalb der Formen bleibt, ist ihre Wirkungskraft gemindert und stellt die Effektivität der Lehre in Frage.

Erscheinung der Prozeßsubjekte, Ergebnisse von Prozeßakten, insbesondere außerhalb der Beweisaufnahme und Eindrücke stellen die wichtigsten Fälle dieser Kategorie dar.

Was die Eindrücke betrifft, so soll folgendes gesagt werden: Sie werden pauschal der Würdigung zugewiesen. Eindrücke gehören der Würdigung an, wenn sie keine verkappten Ergebnisse sind, d. h., wenn sie keine versteckten Tatsachen enthalten. Daß der Y schlank oder kurz oder groß ist und dementsprechend zu der geschilderten Person, der Figur des vermeintlichen Täters paßt, enthält beides, d. h. Tatsachen und Schlüsse.

L. Der Beweisbegriff im Strafverfahren und der Beweischarakter des Ermittlungsverfahrens

I. Einführung

1. Nach der verbreiteten Meinung sind Beweis und Beweise solche der HV[1], denn der Richter darf sein Urteil nur auf das Material der HV stützen[2].

Der zweite Satz ist einigermaßen korrekt, führt aber nicht zu der im ersten Satz gezogenen Konsequenz. Die Tatsache, daß nur das in der HV erhobene Material[3] gewürdigt werden kann, schließt nicht aus, daß es Material des Ermittlungsverfahrens sein kann und daß außerhalb der HV kein Beweisverfahren und keine Würdigung stattfindet oder stattfinden kann.

2. Der formelle Beweischarakter[4] ist vom Gesetz den in der HV erhobenen Beweisen vorbehalten, sagt Quintano[5]. Er fährt aber mit Folgendem fort: „Dessen ungeachtet kann das Gericht infolge des Grundsatzes der materiellen Wahrheit die in der HV und im Untersuchungsverfahren erhobenen[6] Beweise[7] ohne Unterschied und ohne Bindung an bestimmte Vorschriften verwerten".

Es ist praktisch unmöglich, führt Quintano aus[8], wenn das Gesetz sich auf das Gewissen des Richters beruft, daß nicht auch insgesamt das Beweismaterial des Untersuchungsverfahrens verwertet wird. Dieses Material ergibt wegen seiner Unmittelbarkeit und Nähe zu der Tat, die für irreführende Schliche und Eingriffe keine Zeit lassen, eine wirklichkeitsnähere Gewißheit und Wahrheit als das der HV.

---

[1] Henkel, Strafverfahrensrecht, 2. Aufl. 1968, S. 262; Dedes, Beweisverfahren, S. 76 ff. Über andere Interpretationen ebenda.

[2] Obwohl nach Sauer, Allg. Prozeßrechtslehre 1951, S. 195, die Beweisaufnahme eine Rekapitulation des Vorverfahrens darstellt.

[3] Wegen der Geltung der Mündlichkeits- und Unmittelbarkeitsprinzipien, Roxin, Strafverfahrensrecht, § 44 A.

[4] Wieso wird nicht gesagt.

[5] ZStW 72, 648, Volkmann-Schluck, S. 107. Diese Aussage verwundert um so mehr, als gerade im spanischen Recht ein formelles Untersuchungsverfahren bekannt ist und die HV eine mindere Rolle zur Aburteilung des Falles spielt. Vgl. Volkmann-Schluck, S. 146 ff.

[6] Also haben wir im Untersuchungsverfahren „erhobene" Beweise.

[7] Wie man den in der HV erhobenen Beweisen des Untersuchungsverfahrens den Beweischarakter absprechen kann, bleibt ein Rätsel.

[8] ZStW 72, 648; Volkmann-Schluck, S. 107.

L. Der Beweisbegriff im Strafverfahren

Für die HV auf der anderen Seite werden die größeren Garantien und Förmlichkeiten geltend gemacht. Eine vollkommene Beweiswürdigung hat auf der Grundlage des Vergleichens und Gegenüberstellens allen Beweismaterials zu geschehen, sagt Quintano[9], was wegen der Geltung der freien Beweiswürdigung möglich ist und in der Rechtsprechung die ständige Praxis bildet[10].

3. Diese Ausführungen gehen davon aus, daß die Entscheidungen des Strafverfahrens nur die Entscheidungen des Hauptverfahrens sind. Der Richter hat aber auch im Vorverfahren Entscheidungen zu treffen und insbesondere im Zwischenverfahren[11]. Die Beweise werden im Vor- und Zwischenverfahren auch gewürdigt und nicht bloß gesammelt. Die Sammlung und Würdigung der Beweise erfolgt in aufeinanderfolgenden Stadien, die bis zum rechtskräftigen Urteil fortlaufen. In jedem Abschnitt haben wir Sammlung und Würdigung von Beweisen, deren Ergebnis im Urteil ein anderes sein kann. Man kann diese Abschnitte und deren Ergebnisse differenzieren. Man kann aber jedem Abschnitt den Beweischarakter nicht absprechen.

II. Das Material der Würdigung

Die Beweisaufnahme der HV schließt nicht jedes Material des Ermittlungsverfahrens aus und der Inbegriff der Hauptverhandlung enthält nicht selten Material des Vorverfahrens.

Die entsprechende Bestimmung[12], die die Pflicht des Gerichts, die Beweise zu würdigen, regelt, bezieht sich auf das Material der HV. Die Frage lautet nun: Ist dieses Material ausschließlich Material der HV, oder sind dabei Fälle festzustellen, in denen Material des Ermittlungsverfahrens gewürdigt wird. Diese letztere Frage ist zu bejahen, denn es sind manche Fälle[13] bekannt[14], in denen der Richter befugt ist, Material des Vorverfahrens heranzuziehen und gegebenenfalls zu würdigen. Das Material des Vorverfahrens ist somit nicht total von der Würdigung ausgeschlossen.

---

[9] Ebd., S. 649.
[10] Eine andere Frage stellt das Problem dar, ob sich der Richter auf das Material des Vorverfahrens ausdrücklich berufen und seine Entscheidung darauf aufbauen kann.
[11] Vgl. Roxin, § 15 A 3 über die Sammlung von Beweismitteln. K. Nagel, Beweisaufnahme im Ausland, 1988, S. 1
[12] § 261 StPO „Über das Ergebnis der Beweisaufnahme entscheidet das Gericht nach seiner freien, aus dem Inbegriff der Verhandlung geschöpften Überzeugung".
[13] So die §§ 251, 253, 254 StPO.
[14] Wenn sie auch als Ausnahmen gekennzeichnet sind.

III. Die besonderen Bestimmungen

Erklärt ein Zeuge oder Sachverständiger, daß er sich einer Tatsache nicht mehr erinnere, so kann der hierauf bezogene Teil des Protokolls über seine frühere Vernehmung zur Unterstützung seines Gedächtnisses verlesen werden[15].

Dasselbe kann geschehen, wenn ein in der Vernehmung hervortretender Widerspruch mit der früheren Aussage nicht auf andere Weise ohne Unterbrechung der HV festgestellt oder behoben werden kann[16].

Gleiches gilt für Geständnisse und Widersprüche des Angeklagten gemäß § 254 StPO[17].

1. Nach der Verlesung des relevanten Teils des Protokolls erscheint die Lage so:

Der Zeuge, Sachverständige oder Angeklagte übernimmt und bestätigt seine frühere Aussage bzw. modifiziert oder interpretiert sie. In allen diesen Fällen wird zwar das Material des Vorverfahrens verwendet, doch nur hilfsweise. Der Richter kann sich auf die neue in der HV gegebene Aussage berufen, falls er sie für richtig hält. Im umgekehrten Fall, wenn der Richter die in der HV abgegebene Aussage nicht für richtig hält, kann er sich unter bestimmten Voraussetzungen auf das Material des Vorverfahrens berufen, und dieses Material bewahrt seine Substanz und Selbständigkeit[18].

2. Sehr oft kommt folgendes vor: Der Zeuge usw. gibt zu, daß er sich nicht mehr daran erinnern kann, und wenn er in seiner früheren Aussage so ausgesagt habe, dann sei es so gewesen[19]. In diesem Fall behält das Material des Vorverfahrens seine Charaktereigenschaft als Beweisakt und seine Selbständigkeit. Der Richter darf auf die Beweisakte des Vorverfahrens seine Entscheidung stützen[20]. Im Falle des Widerspruchs stehen wir vor einer ähnlichen Situation, falls die Unterschiede während der HV nicht behoben werden können.

Als ein weiteres Problem kann gewiß die Frage angesehen werden, ob wir es mit einer Aussage zu tun haben oder mit der Verlesung einer Urkunde[21]. Das Problem hat bis heute keine schlüssige Antwort gefunden. Alle möglichen Lösungen werden vertreten. Eines bleibt unbestritten: Das Material des Vorverfahrens

---

[15] So Abs. 1 des § 253.

[16] So Abs. 2 des § 253.

[17] Vgl. Henkel, S. 347.

[18] Ob wir nun von einer Kombination von Zeugen- und Urkundenbeweis ausgehen, vgl. Gössel, S. 239, 241, oder von Urkundenbeweis oder von Vorhalt, vgl. Volkmann-Schluck, S. 153 Anm. 589, mag hier dahingestellt bleiben. Roxin, § 44 B.

[19] Die Verlesung spielt dann nicht nur eine Hilfsfunktion, wie Krause, Urkundenbeweis 1966, S. 186 ff. meint. Vgl. auch Henkel, S. 347.

[20] Vgl. aber Henkel, a. a. O.

[21] Gössel, S. 241, Grünwald, FS Dünnebier, S. 347 ff.

L. Der Beweisbegriff im Strafverfahren

wird zur Überzeugungsbildung herangezogen[22]. Die Verlesung des Protokolls ist eine normale Voraussetzung für die Durchführung der HV.

3. Einen dritten Fall bildet die Kategorie der Verlesung von Protokollen über die Vernehmung von Zeugen, Sachverständigen oder Mitbeschuldigten gemäß § 251.

In diesem Fall wird die Vernehmung des Zeugen usw. durch Verlesung der Niederschrift seiner früheren richterlichen Vernehmung ersetzt[23].

Nach dem Wortlaut der Vorschrift wird die Vernehmung durch die Verlesung der Niederschrift ersetzt[24]. Als Beweismaterial bleibt somit die Aussage des Zeugen usw., die außerhalb der HV abgegeben worden ist.

Ob wir in diesem Fall von Aussage oder von Urkundenverlesung sprechen dürfen, ist zweifelhaft und bleibt ungeklärt[25]. Beweisakt in der HV ist gewiß die Verlesung. Material der Beweiswürdigung ist aber die verlesene Aussage des im Ermittlungsverfahren vernommenen Zeugen usw.

IV. Der Charakter des Materials des Ermittlungsverfahrens

1. Zeugenaussagen, die während des Ermittlungsverfahrens abgegeben worden sind, können in der HV verlesen werden, wenn die Voraussetzungen des § 251 gegeben sind.

Die Verlesung des Protokolls der Zeugenvernehmung im Ermittlungsverfahren absorbiert den Charakter des Beweisaktes des Vorverfahrens nicht. Denn sie wird als eine Zeugenvernehmung angegeben und verstanden.

Der Prozeßakt der HV ist die Verlesung des Protokolls der Zeugenvernehmung. Sie könnte gewiß als Urkundenverlesung angesehen werden. Abgesehen von verschiedenen unterschiedlichen Betrachtungen ändert die Verlesung des entsprechenden Protokolls dessen Qualität als Zeugenaussage nicht.

2. Es gibt Fälle, in denen das Material des Ermittlungsverfahrens mit dem Material der HV identisch ist, und insoweit kann man es als Material der HV betrachten. Es gibt aber Fälle, in denen das Material des Ermittlungsverfahrens vom Material der HV abweicht, so daß seine Betrachtung als Material der HV nicht mehr möglich ist.

---

[22] Daß dies neben der Vernehmung der Person geschieht, BGH 20, 161, Gössel, S. 239, ändert nichts daran.

[23] Als ausdrückliche Ausnahme des Unmittelbarkeitsprinzips.

[24] Der Satz „Der Beweis ... darf nicht mit Protokollen über frühere Vernehmungen usw. geführt werden", vgl. Schneidewin, JR 1951, S. 481, 482; Gössel, S. 238, erfährt hier eine Einschränkung. Über weitere Einschränkungen des Unmittelbarkeitsprinzips, Gössel, a. a. O.

[25] Vgl. Gössel, S. 239; Volkmann-Schluck, S. 153; Roxin, § 44 BI 2, Grünwald, FS Dünnebier, S. 347 ff.

Wenn also die Inhalte der Beweisakte des Ermittlungsverfahrens mit den Inhalten der Prozeßakte der HV nicht übereinstimmen, kann der Charakter der Beweisakte des Ermittlungsverfahrens nicht verdrängt werden. Die Beweisakte des Ermittlungsverfahrens behalten ihre Selbständigkeit und damit ihre Natur als Beweisakte. Daß sie nur durch Verlesung erhoben und in die HV aufgenommen werden können, ist die Konsequenz der Mündlichkeit und Unmittelbarkeit und die selbstverständliche Voraussetzung, daß wegen der Geltung des Kontradiktionsprinzips alles zur Sprache kommen soll.

3. Die Frage einer Unterscheidung des Beweismaterials des Untersuchungsverfahrens einerseits und der HV andererseits wird ausdrücklich von Quintano gestellt[26].

Er unterscheidet zwischen Beweis im engeren Sinne (der HV) und Beweis im weiteren Sinne (der Untersuchung)[27]. Die Unterscheidung sei geboten, weil nicht der Untersuchungsrichter, sondern nur der HV-Richter urteilt und würdigt[28]. Dieses Argument greift nicht durch. Die Entscheidung[29] über die Eröffnung der HV setzt eine Würdigung voraus[30], nämlich, daß nach den Ergebnissen des vorbereitenden Verfahrens der Angeschuldigte einer Straftat hinreichend verdächtig erscheint[31]. In diesen Fällen wird eine HV folgen, und eine neue Würdigung wird stattfinden. Trotzdem kann man die Wirkung der Eröffnungsentscheidung und deren Würdigung nicht aus der Welt schaffen. In den Fällen der Ablehnung der Eröffnung kann (nach Ablauf der Eingreifungsfrist) eine abschließende Entscheidung gegeben sein.

Eine solche gesetzliche Regelung kann gewiß Konflikte zwischen den Beweisergebnissen des Vorverfahrens und der HV hervorrufen und auftauchen lassen. Quintano ist sich dessen bewußt[32]. Seine Antwort erfolgt nach der tradierten Auffassung. Die Beweisaufnahme in der HV hat den unbedingten Vorrang. Dessen ungeachtet kann das Gericht die in der HV und im Untersuchungsverfahren erhobenen Beweise ohne Unterschied verwerten.

Obwohl die spanische Regelung einen eigentümlichen Fall in Europa darstellt, muß man gestehen, daß es im übrigen Europa gar nicht anders geschieht. Die Berücksichtigung der Ergebnisse des Vorverfahrens ist eine Forderung aus der Pflicht des Richters, den Fall auszuschöpfen und die Wahrheit zu finden.

---

26 ZStW 72, S. 630 ff.
27 Vgl. Henkel, Strafverfahrensrecht 1968, S. 262 / 3.
28 Quintano, S. 630, 636 ff.
29 Sie wird als Entscheidung gekennzeichnet, vgl. Henkel, S. 319.
30 § 199 StPO.
31 So § 203. Genauso soll man nach den §§ 169 a, 170, wo allerdings genügender Anlaß ausreicht, und § 175 entscheiden. K. Nagel, Beweisaufnahme im Ausland, 1988, S. 8.
32 Vgl. Quintano, S. 646, insbesondere den Titel „Mögliche Konflikte".

V. Der Umfang der Würdigungspflicht

1. Das Material des Untersuchungsverfahrens darf gewürdigt werden und selbst Grundlage der Entscheidung werden, vorausgesetzt, daß es während der HV vorgebracht, diskutiert bzw. verlesen[33] wurde.

Es ist deswegen nicht richtig, wenn man sagt, daß die Bestimmung des § 261 oder Art. 741 der spanischen StPO im Wortlaut enger sind[34]. Der Satz „Das Gericht soll die in der HV erhobenen Beweise berücksichtigen", bringt nur den Regelfall zum Ausdruck und schließt nicht den Beweischarakter der Beweise der Untersuchung aus. Die in der HV „erhobenen" (im technischen Sinne) Beweise können Beweise der Untersuchung sein.

2. Beweise sind alle, d. h. sowohl die des Vorverfahrens[35] wie auch die der Hauptverhandlung[36].

Der Richter darf z. B. sagen, daß er auf die Aussage des Zeugen während des Ermittlungsverfahrens sein Urteil stützen wird und nicht auf seine Aussage in der HV. Einzige Voraussetzung dafür ist, daß dies während der HV zur Sprache kommt. Denn der Richter darf wegen der Geltung der Öffentlichkeits-Mündlichkeits- Unmittelbarkeits- und Kontradiktionsprinzipien nur auf das Material der HV seine Entscheidung stützen. Wird in der HV auf die Unterschiede der Beweise hingewiesen, dann sind auch die Beweise des Ermittlungsverfahrens[37] Material der HV geworden.

3. Die Sammlung der Beweise während des Ermittlungs- oder Untersuchungsverfahrens folgt den Bestimmungen der entsprechenden Beweisakte. Die Niederschrift über die Aussage eines Zeugen folgt den Vorschriften über die Vernehmung von Zeugen, und so geschieht es mit den übrigen Beweisakten[38], obwohl sehr oft nicht alle Formalitäten und Garantien, die für die HV als nötig erscheinen, gewahrt sind[39].

Es ist deswegen nicht zu leugnen, daß ein Beweis für die Untersuchung vorgesehen und existent ist, wenn man auch zwischen dem Beweis im Untersuchungs- und Hauptverfahren unterscheiden kann. Es gibt Beweisakte im Ermitt-

---

[33] Und protokolliert nach Art. 141, § 1 griechStPO.

[34] In der griechStPO ist die entsprechende Bestimmung als allgemeine Bestimmung vor den Abschnitt über die HV gestellt.

[35] Als das zur Entscheidung berufene Gericht, vgl. Henkel, S. 262, kann auch das Gericht im Zwischenverfahren, vgl. Henkel, S. 319, angesehen werden.

[36] Die Beweismittel der Untersuchungs- und der Hauptverhandlung sind dieselben, wenn auch jeweils verschiedene Förmlichkeiten ergeben, Quintano, S. 630, 631.

[37] Der vorbereitende Charakter des Vorverfahrens und sein Ziel, die Sammlung des Beweismaterials, vgl. Henkel, S. 297, schließen den Beweischarakter nicht aus. Sie bestätigen genau umgekehrt den Beweischarakter, insbesondere in den Fällen einer, wenn auch vorweggenommenen, Beweiswürdigung, vgl. Henkel, S. 297 f.

[38] Die im Vorverfahren gesammelten Beweise sind auch justizförmig gesammelt.

[39] Formale Beweisaufnahme ist also auch der Beweisgang des Vorverfahrens.

lungsverfahren[40] und solche in der HV[41]. Wir haben also mindestens doppelte Beweiserhebung, wobei die Beweisaufnahme in der HV[42] den Vorrang hat[43].

4. Von manchen Seiten her wird auf die Gefahr hingewiesen, wenn Ergebnisse des Vorverfahrens durch Verlesung oder Vorhaltung in die HV eingeführt werden[44]. Wenn auch diese Äußerungen die Einführung eines Kreuzverhörs betreffen, ist auch hier auf sie Bedacht zu nehmen, weil die Durchbrechung des Unmittelbarkeitsprinzips nach §§ 253, 254 StPO die strikte Ausnahme bleibt und auf keinen Fall erweitert werden sollte[45].

Die Protokollverlesung zur Gedächtnisstütze oder bei widersprüchlichen Aussagen eines Zeugen und die Verlesung eines vom Richter protokollierten Geständnisses des Angeklagten zur Behebung von auftauchenden Widersprüchen sind nicht die einzigen Fälle, in denen Material des Vorverfahrens verwendet und bewertet wird[46]. Der Großteil des in der HV erhobenen Beweismaterials ist im Vorverfahren gesammelt woden. Seine Aufrollung in der HV hat den Sinn, dem Richter einen unmittelbaren Eindruck zu verschaffen. Das Ergebnis der Aufrollung bleibt ungewiß und kann vom Ergebnis der HV abweichen. Vorsätzliche, fahrlässige oder zufällige Änderungen sind normale Erscheinungen. Sie stellen den Richter vor die schwierigen Aufgaben, die Diskrepanz zu lösen, und sie zwingen ihn, den Ausweg zu finden.

Das Problem bleibt bei jeder gesetzlichen Regelung bestehen, so lange die Entscheidung auf die Überzeugung des Richtes angewiesen ist. Das Material des Vorverfahrens und die entsprechenden Ergebnisse können, realistisch gesehen, von der Überzeugungsbildung nicht ausgeschlossen werden[47].

Formale Hindernisse wie § 250 werden sofort wieder von den §§ 251, 253, 254 aufgehoben, so daß die Wahrung der materiellen Wahrheit gewahrt bleiben kann.

Größerer Beachtung bedarf ein anderes Argument. Auf einem Beweis beruht die Ablehnung der Eröffnung einer HV ebenso wie die Eröffnung. Denn die Nichteröffnung der HV ist auch eine Entscheidung, die dem Begründungszwang unterliegt. Eine Begründung, insbesondere über die tatsächliche Seite des Falles, kann ohne Beweise nicht gedacht werden, wenn sie eine logische und keine willkürliche Antwort sein soll.

---

[40] Für das Zwischenverfahren vgl. Roxin, § 15 A 3.

[41] Vgl. Volkmann-Schluck, S. 135 „Die Grundlage für die richterliche Sachverhaltsfeststellung und -bewertung bildet das Vorverfahren, S. 147".

[42] Quintano, S. 646.

[43] Die Beweisaufnahme in der Verhandlung ist regelmäßig eine Rekapitulation des Vorverfahrens, meint Sauer, Prozeßrechtslehre 1951, S. 195.

[44] Hartung, Literaturbericht ZStW 73, S. 482, 483; Dahs, Reform in Aktuelle Rechtsprobleme, S. 35; Volkmann-Schluck, S. 152 ff., Grünwald, FS Dünnebier, S. 347 ff.

[45] Volkmann-Schluck, S. 153 f.; Grünwald, S. 353 ff.

[46] Vgl. Gössel, S. 244, über die Verlesung eines Ortsbesichtigungsprotokolls.

[47] Vgl. Quintano, S. 649 und 630.

VI. Die Grenze der richterlichen Beweiswürdigung

1. Die Grenze richterlicher Beweiswürdigung ist nicht genau festgelegt, weil über den Beweisgang Meinungsverschiedenheiten bestehen, die die Abgrenzung erschweren. Zwei extreme Auffassungen werden vertreten.

Nach der ersten ist der Beweis direkter Beweis, weil er sich unmittelbar auf die entscheidungserhebliche Tatsache richtet und die vorgesehenen Beweismittel Mittel des direkten Beweises sind. Der indirekte Beweis hat keine Beweismittel. Er bedient sich der des direkten Beweises[48].

Nach der zweiten Auffassung ist der Beweis Indizienbeweis, denn bis zur Feststellung der rechtserheblichen Tatsache ist eine Reihe von Schlußfolgerungen nötig, die nur mit dem Indizenbeweis möglich ist[49]. § 261 bestimmt: „Über das Ergebnis der Beweisaufnahme entscheidet das Gericht nach seiner freien, aus dem Inbegriff der Verhandlung geschöpften Überzeugung".

2. Die Diskrepanz zwischen den zwei Teilen des § 261 ist groß, denn außerhalb der Beweisaufnahme stehen die Beschuldigtenvernehmung, die Erscheinung der Prozeßsubjekte und andere Prozeßakte, wie die Ausübung von Rechten usw., die mit der Beweisaufnahme nichts zu tun haben[50].

Verhandlung bedeutet die ganze HV und nicht nur die Beweisaufnahme. Die Verhandlung deckt sich also mit dem Begriff der Beweisaufnahme nicht. Sie geht weiter, denn die Beweisaufnahme deckt nur einen Teil der Verhandlung ab.

3. Die meisten gehen davon aus, daß im Verhältnis des § 244 zum § 261 dem § 244 der Vorrang gebührt, nämlich wegen seiner Spezialität. Er regelt die Frage der Beweisaufnahme, während der § 261 die Frage der Würdigung der Beweise regelt.

Dieser Gedankengang wäre richtig, wenn die Grenze der Beweisaufnahme mit der Grenze der Beweiswürdigung zusammenfiele. Wie aber aus dem § 261 hervorgeht, sind Gegenstand der Beweiswürdigung die Ergebnisse der Verhandlung, und Verhandlung bedeutet etwas mehr als die Beweisaufnahme. Dies wird im Falle der Beschuldigtenvernehmung ausdrücklich von allen Autoren anerkannt.

4. Man könnte auch so argumentieren, daß Tatsachenfeststellungen nur im Laufe der Beweisaufnahme stattfinden können. Außerhalb der Beweisaufnahme können nur Eindrücke und Indizien aus der Erscheinung der Subjekte und der Prozeßhandlungen liegen, die im Bereich der Würdigung hilfreich sein können und benutzt werden können.

---

[48] Vgl. Krause a.a.O.
[49] So schon Glaser I, S. 742; Engisch, Logische Studien, S. 66; Grünwald, FS Honig, S. 60; vgl. Tenckhoff, S. 138.
[50] Deswegen verwendet man den Ausdruck „weitere Beweisaufnahme" oder „Beweisaufnahme im weiteren Sinne", Krause, S. 73; Gössel, S. 179, 196.

Nicht mehr zum Beweis selbst, sondern zur Urteilsfindung gehört die Wertung seines Ergebnisses im Hinblick auf die Entscheidungsfrage, sagt in einem Punkt Henkel[51].

Wenn aber die Würdigung der bisherigen Ergebnisse auch zur Ausfüllung der Lücken der Sachverhaltsfeststellung führt, dann enthält diese Wertung Tatsachenfeststellungen, die dem Beweisgang eigen sind.

M. Freie Beweiswürdigung und Revisibilität

I. Das Problem

Die Feststellung von Tatsachen ist keine einfache Prozedur. Die Feststellung von Tatsachen, wie die

    a) subjektiven Elemente

    b) unbestimmten Begriffe

    c) objektive Elemente der Straftat, die durch Indiztatsachen konstatiert werden,

verlangen ein kompliziertes Verfahren, und es wird wegen der besonderen Bearbeitung oder Würdigung der Beweise, die sie voraussetzen, als eine von der Tatsachenfeststellung getrennte Phase angesehen, die von manchen im Bereich der Beweiswürdigung eingereiht wird. Diese Sonderstellung stellt die Frage auf, wie sie behandelt werden sollen. Die Einreihung könnte den Eindruck erwecken, als ob diese Tatsachenfeststellungen dem Ermessen des Richters zugewiesen werden, wegen der Geltung des Prinzips der freien Beweiswürdigung. Die Tatsachenfeststellungen sollten dementsprechend unüberprüfbar sein. Dieses Resultat entspricht dem Stand der Lehre und Rechtsprechung nicht, denn beide befürworten die Nachprüfbarkeit mancher dieser Fälle[1] in bestimmtem Umfang.

II. Tatsachenfeststellungen und Tatfrage

Die Auffassung, nach der alle Tatsachenfeststellungen der Tatfrage angehören, ist bis heute zwar vereinzelt vertreten, sie hat aber die Mehrheit der Stimmen nicht erreicht.

Die meisten gehen davon aus, daß von den festgestellten Tatsachen manche Fälle der Rechtsfrage zuzuweisen seien.

---

[51] Henkel, S. 262 (vgl. § 91).
[1] Vgl. Kuchinke, Grenzen der Nachprüfbarkeit tatrichterlicher Würdigung, 1964, S. 58 ff., 67, 75, 78, 97.

M. Freie Beweiswürdigung und Revisibilität

Die alte Unterscheidung zwischen Tat- und Rechtsfrage, die sehr oft akute Probleme und heftige Debatten hervorgerufen hat, hat den festen Boden verloren, wenn man bedenkt, daß weder die Tat- noch die Rechtsfrage dem realen Sinn dieser Unterscheidung entsprechen.

III. Rechtsfrage und Tatsachenfeststellung

Werden im Bereich der Rechtsfrage Tatsachenfeststellungen untergebracht, wird die Rechtsfrage erweitert und in den Bereich der Tatfrage ausgedehnt. Damit wird die Revisibilität gefördert.

Das Kriterium Tat-Rechtsfrage bedeutet nicht mehr Tatsachenfeststellung-Rechtsanwendung, sondern revisibel oder nicht revisible Teile der Rechtsanwendung. Was der Rechtsfrage angehört, ist revisibel, was der Tatfrage angehört, nicht[2]. Diese Entwicklung hat die Zustimmung der Mehrheit gefunden[3].

IV. Tatsachenfeststellung und Revisibilität

Vom Standpunkt der Tatsachenfeststellung sollten alle Tatsachenfeststellungen unangefochten bleiben. Erstens, weil sie Tatsachenfeststellungen sind, und zweitens, weil diese Feststellungen dem Prinzip der freien Beweiswürdigung unterstehen.

Diese Konsequenz ist nur vereinzelt gezogen. Die herrschende Meinung verlangt die Überprüfbarkeit von manchen Fällen der Tatsachenfeststellungen[4].

V. Freie Beweiswürdigung und Revisibilität

Nicht nachprüfbar ist die Feststellung von Tatsachen, die direkt festgestellt sind oder nicht nachgeprüft werden können[5]. Für die Rechtsanwendung sind aber außer der direkt festgestellten noch weitere Tatsachen nötig. Sie werden „mittelbar" festgestellt, d. h. durch weitere Bearbeitung der schon vorhandenen Tatsachen, durch Schlußfolgerungen aus anderen Tatsachen oder durch Würdigung der Umstände der Tat, wie sie aus der HV hervorgetreten sind.

---

[2] Dedes, Revision, S. 159.
[3] Dedes, a. a. O., S. 109 ff.
[4] Insbesondere bei widerspruchsvoll-lückenhaften oder nichtfehlerfreien Tatsachenfeststellungen.
[5] Dedes, Revision, S. 134 ff.

Die durch logische Bearbeitung oder Würdigung festgestellten Tatsachen sollen der Nachprüfbarkeit zugänglich sein. Die weiteren Arten der Tatsachenfeststellungen, außer der direkten, sollen überprüfbar sein.

Tatfragen sind also im großen und ganzen die direkt festgestellten Tatsachen. Die übrigen gehören der Rechtsfrage an.

Die freie Beweiswürdigung ist, solange sie die Feststellung von weiteren für die Rechtsanwendung nötigen Tatsachen betrifft, von der Nachprüfbarkeit nicht ausgeschlossen. Sie ist frei, d. h. sie unterliegt keinen festgelegten Regeln, sie ist aber überprüfbar.

VI. Ergebnis

Die sogenannte freie Beweiswürdigung soll deswegen nicht mit der Nichtnachprüfbarkeit verwechselt werden. Was der Würdigung angehört, kann der herrschenden Meinung nach überprüfbar sein, d. h. der Rechtsfrage angehören. Teile der Würdigung sind überprüfbar.

Das Ergebnis ist kein anderes, wenn man der anderen Meinung folgt. Die Einordnung dieser Elemente unter die Tatsachenfeststellung bedeutet keine Nichtnachprüfbarkeit. Lehre und Rechtsprechung gehen davon aus, daß diese Tatsachenfeststellung überprüfbar sein soll.

Abgesehen von Randunterschieden hat die Eingruppierung dieser Elemente unter die Tatsachenfeststellung oder die Würdigung keine Konsequenzen für die Nachprüfung. Die Revisibilität ist für beide Auffassungen gegeben.

Literaturverzeichnis

Arzt: Zum Verhältnis von Strengbeweis und freier Beweiswürdigung, FS Peters 1974, S. 223 ff.

Beling: Deutsches Reichsstrafprozeßrecht 1928.

Bockelmann: Strafprozeß und Gerichtsverfassung, ZStW 60, S. 601 ff.

Bohne: Zur Psychologie der richterlichen Überzeugungsbildung 1948.

Bouzat: Traite de Droit Pénal 1951.

Bouzat / Pinatel: Traite, Procedure Pénale II 1970.

Dedes: Strafverfahrensrecht, 9. Aufl. 1989 (in griechisch).

— Grundprobleme des Beweisverfahrens, GedS H. Kaufmann 1986, S. 929 ff.

— Die Revision in Strafsachen 1965 (in griechisch).

— Urkundendelikte 1977 (in griechisch).

Engisch: Logische Studien zur Gesetzesanwendung 1943.

Foregger / Serini: Österreichische StPO 1976.

Gianturco: La prova indiziaria 1958.

Gillieron: L'évolution de la preuve pénale, Schweiz. Z. Str. 60 / 198 ff.

Geppert: Der Grundsatz der Unmittelbarkeit 1979.

Glaser: Handbuch des Strafprozesses I 1883.

Gössel: Strafverfahrensrecht 1977.

— in GA 1979, S. 247.

— Arbeiten zur Rechtsvergleichung, Bd. 112, S. 117 ff.

— in DRiZ 1980, S. 363 ff.

Gorphe: L'appreciation des preuves 1947.

Graf zu Dohna: Das Problem der vorweggenommenen Beweiswürdigung, FS Kohlrausch 1944, S. 319.

Grünwald: Die Wahrunterstellung im Strafverfahren, FS Honig 1970, S. 53 ff.

— Beweisverbote und Verwertungsverbote JZ 1966, S. 489 ff.

Grunsky: Grundlagen des Verfahrensrechts 1974.

Hahn: Materialien zur StPO I, II 1885 / 6.

Henkel: Strafverfahrensrecht, 2. Aufl. 1968.

v. Hippel: Deutsches Strafprozeßrecht 1941.

Karlsruher Kommentar zur StPO 1982.

Kässer: Wahrheitserforschung im Strafprozeß 1974.

Kasper: Freie Beweiswürdigung und Kriminaltechnik 1975.

Kleinknecht: StPO 1975.

Köhler: Inquisitionsprinzip und autonome Beweisvorführung 1979.

Krause: Zum Urkundenbeweis im Strafprozeß 1966.

Kuchinke: Grenzen der Nachprüfbarkeit tatrichterlicher Beweiswürdigung 1964.

Küper: Die Richteridee der StPO 1967.

— Historische Bemerkungen zur freien Beweiswürdigung, FS Peters, S. 23 ff.

Kunert: Strafprozessuale Beweisprinzipien im Wechselspiel GA 1979, S. 401 ff.

Lévy-Bruhl: La preuve judiciaire 1964.

Löwe / Rosenberg: Kommentare zur StPO, 24. Aufl., 1984-87.

Maiwald: Kausalität und Strafrecht 1980.

Manzini: Trattato di diritto processuale penale, III 1970.

Meixner: Der Indizienbeweis 1952.

Merle / Vitu: Procedure Penale 1980.

Meurer: Beweis und Beweisregel, FS Oehler 1985, S. 357 ff.

— GedS Kaufmann 1986, S. 955.

— FS Kirchner 1985, S. 252 ff.

— FS Wolf 1985, S. 486 ff.

Nagel: Die Grundzüge des Beweisrechts im europäischen Zivilprozeß 1967.

Niese: Zur Frage der freien richterlichen Überzeugung GA 1954, S. 148 ff.

Nobili: Il principio del libero convincimento del giudice 1974.

Patarin: Le particularisme de la theorie des preuves en droit penal im Band, Quelques aspects de l'antonomie de droit penal, Paris 1956.

Peters: Lehrbuch, Strafprozeß, 4. Aufl. 1985.

Platzgummer: Grundzüge des österr. Strafverfahrens 1984.

Pradel: Procedure Penale 1980.

Quintano-Ripollés: In ZStW 72, 618 ff.

Rittler: Der Indizienbeweis und sein Wert, Schweiz ZStr 43, 173 ff.

Robert: Der Augenschein im Strafprozeß 1974.

Roeder: Lehrbuch des österr. Strafverfahrensrechts 1963.

Roxin: Strafverfahrensrecht, 19. Aufl. 1985.

Sauer: Allgemeine Prozeßrechtslehre 1951.

Schlüchter: Das Strafverfahren 1983.

Schmidt, Eb.: Lehrkommentare zur StPO 1964.

Schreiber: Verfahrensrecht und Verfahrenswirklichkeit, ZStW 88, 117.

Soyer: Manuel de Procedure Penale 1984.

Tenckhoff: Die Wahrunterstellung im Strafprozeß 1980.

Vidal / Magnol: Cours de Droit Criminel II 1949.

Volk: Prozeßvoraussetzungen im Strafrecht 1978.

— Wahrheit und materielles Recht im Strafprozeß 1980.

— In JuS 1975, 27 und NStZ 1983, 423.

Volkmann-Schluck: Der spanische Strafprozeß 1979.

Walter: Freie Beweiswürdigung 1979.

Ziegler: Zweckmäßigkeitstendenzen 1969.

Aufsätze des Autors

1. Der Prozeßgegenstand im Strafverfahren, GA 1962, S. 107 ff.
2. Die Identität der Tat im Strafprozeß, GA 1965, S. 102 ff.
3. Die Trennung von Tat und Rechtsfrage, 4. Intern. Kongreß der Verfahrensrechtslehrer, S. 545 ff.
4. Rechtsnormtheorien und Strafrecht, ARSP 1976, S. 349 ff.
5. Die Arten der Unterlassungsdelikte, GA 1977, S. 230 ff.
6. Die Falschheit der Aussage, JR 1977, S. 441 ff.
7. Die Gefährdung in den Delikten gegen die Rechtspflege, GS H. Schröder 1978, S. 331 ff.
8. Die Konkretisierung der Sorgfalt, FS P. Bockelmann 1979, S. 437 ff.
9. Strafrechtliche Probleme des Urheberrechts in Griechenland, Inter Jahrbuch 1979, S. 119 ff.
10. Grenzen der Wahrheitspflicht des Zeugen, JR 1983, S. 99 ff.
11. Gemeingefahr und gemeingefährliche Straftaten, HDR 1984, S. 100 ff.
12. Die Einteilung der Straftaten im Bes. Teil, FS Oehler 1985, S. 265 ff.
13. Grundprobleme des Beweisverfahrens, GS H. Kaufmann 1986, S. 929 ff.
14. Probleme der Amtsdelikte, FS K. Lackner 1987, S. 787 ff.
15. Schuldinterlokut, GedS H. Kaufmann 1989, S. 749 ff.
16. L'origine del principie n.c.n.p.s.l, GS Novulene 1991

Printed by Libri Plureos GmbH
in Hamburg, Germany